重庆市普通高中教育教学改革研究重点课题

《基于英语课程标准的初高中英语衔接课程开发》研究成果

新课程标准下的
初高中英语衔接教学研究与实践

李 飞 万 普 编著

重庆大学出版社

图书在版编目(CIP)数据

新课程标准下的初高中英语衔接教学研究与实践 / 李飞,万普编著. -- 重庆 : 重庆大学出版社, 2023.6

ISBN 978-7-5689-3392-6

Ⅰ.①新… Ⅱ.①李… ②万… Ⅲ.①英语课—教学研究—中学 Ⅳ.①G633.412

中国版本图书馆 CIP 数据核字(2022)第 112588 号

新课程标准下的初高中英语衔接教学研究与实践

李 飞 万 普 编著

责任编辑:罗 亚　　版式设计:罗 亚

责任校对:谢 芳　　责任印制:赵 晟

*

重庆大学出版社出版发行

出版人:饶帮华

社址:重庆市沙坪坝区大学城西路 21 号

邮编:401331

电话:(023) 88617190 88617185(中小学)

传真:(023) 88617186 88617166

网址:http://www.cqup.com.cn

邮箱:fxk@cqup.com.cn (营销中心)

全国新华书店经销

POD:重庆新生代彩印技术有限公司

*

开本:720mm×1020mm 1/16 印张:12.5 字数:186 千

2023 年 6 月第 1 版　　2023 年 6 月第 1 次印刷

ISBN 978-7-5689-3392-6　　定价:58.00 元

前　言

2018年，教育部正式颁布了《普通高中英语课程标准(2017年版)》(以下简称"课标2017")。"课标2017"以党的教育方针为核心思想，坚持立德树人根本任务，以强化英语学科育人价值为中心目标，明确指出了英语教育的基本方向，提出了英语学科教学的关键路径，赋予了英语教育新的生命与理论基石。"课标2017"坚持以生为本，坚持使用活动载体，坚持培育学科核心素养，坚持培育具有国家情怀、国际视野以及跨文化沟通能力的人才，让学生成长为新时代的建设者以及家国复兴的圆梦者。诚然，这既是高中英语课程标准的重大改革，也是作为基础学科的英语学科正式指出英语学科培养什么人、怎样培养人、为谁培养人的理论依据与现实表现。时至今日，"课标2017"已经成为教师教学的基本指导内容。

对于英语课程来说，初中阶段是学生夯实基础的重要阶段，而高中则是在此基础之上的能力升华，教师在教学过程中必须把握两个阶段的衔接效果，以保证学生能够顺利地完成英语学习的过渡。因此，初高中英语衔接教学就成为高中英语教师必须深入研究与思考的重点问题。笔者编写的《新课程标准下的初高中英语衔接教学研究与实践》一书，既解析了普通高中英语课程标准的内涵与本质，又调研了初高中英语衔接教学的现状，进而在此基础上对英语教学的知识结构、词汇、阅读、语法、听说、写作等各个板块进行了细致研究，针对每一个教学板块与内容进行了多角度分析与全方位讨论，并提出了可靠、全面、科学的衔接教学策略，以期作为帮助广大英语教师落实初高中英语衔接教学的重要辅助。本书以"课标2017"为基础，通过八个章节的分析与探讨，总结了当前教育环境下初高中英语衔接教学的基本思路与方法。第一章对"课标2017"进行了解析，提出了新课程标准下的育人观。第二章调查分析了初高中英语衔接教学现状，总结了教育现状与问题。第三章研究初高中英语衔接教材知识结构，提出了教材内容在知识结构上的改进策略。第四章探索了词汇衔接教学的策略与实践路径。第五章探索了阅读衔接教学策略。第六章探索了语法衔接教学策略。第七章与第八章为初高中英语听说及写作衔接教学的策略研究过程，以及对应的衔接教学策略的总结。

本书是重庆市普通高中教育教学改革研究重点课题《基于英语课程标准的初高中英语衔接课程开发》的研究成果。作者李飞，重庆市朝阳中学高中英语教师，重庆市学科名师，重庆市骨干教师，西南大学教育硕士兼职导师，西南大学免费师范毕业生在职攻读教育硕士专业学位研究生校外指导教师，北碚区高中英语学科带头人，北碚区首届高中英语核心研究组成员，北碚区教育科研专家库专家，北碚区教育高端人才流动站成员，北碚区高中英语名师工作室主持人，重庆市高中英语特色精品选修课程“英语影视及歌曲赏析”主持人，重庆市高中英语课程创新基地主持人。出版专著7部，主持主研国家级、市区级科研课题16项，在《中小学外语教学》《中小学英语教学与研究》等期刊发表科研论文30余篇。万普，西南大学外国语学院文学硕士，西南大学附属中学高中英语教师。长期担任实验班英语教学，主研多项课题，发表科研论文10余篇，参编川教版小学英语、仁爱版初中英语以及重大版高中英语教材、教师教学用书等18册。

由于对这个专题研究的深度、广度确实不够，所以本书借鉴和引用了一些著名专家、学者的成果，在参考文献中逐一注明，在此对这些专家、学者表示感谢。由于水平有限，书中如有不当之处，敬请批评指正，编者将不胜感激。

编者

2023年3月

目　录

第一章　普通高中英语课程标准解析 ……………………………1

第一节　普通高中英语课程标准的对比变化 ……………………………1

第二节　系统理论下的高中英语课程标准 ……………………………20

第三节　高中英语新课程标准下的育人观 ……………………………24

第二章　初高中英语衔接教学现状 ……………………………31

第一节　高一学生英语学习衔接情况调查 ……………………………31

第二节　初高中英语教师教学衔接情况调查 ……………………………44

第三节　关于优化初高中英语衔接教学的实践与思考 ……………51

第四节　初高中英语衔接教学现状总结与问题分析 ……………56

第三章　初高中英语教材知识结构衔接研究 ……………………69

第一节　初高中英语教材知识结构衔接原理 ……………………69

第二节　初高中英语教材知识结构对比 ……………………………72

第三节　初高中英语教材知识结构衔接改进策略 ……………………86

第四章　初高中英语词汇衔接教学策略 ……………………………92

第一节　初高中英语词汇衔接教学中存在的问题及其成因 ………92

第二节　初高中英语词汇衔接教学的影响因素与路径探索 ………95

第三节　初高中英语词汇衔接教学改进策略 ……………………………98

第五章　初高中英语阅读衔接教学策略 ……………………106

第一节　初高中英语阅读教学差异对比及衔接策略分析 ………106

第二节　初高中英语阅读衔接教学中存在的问题及其成因 ……109

第三节　初高中英语阅读衔接教学改进策略 ……………………114

第四节　在核心问题指引下开展高中英语阅读教学 ……………127

第五节　基于大单元设计的英语阅读深度教学 …………………133

第六章　初高中英语语法衔接教学策略 ……………………140

第一节　初高中英语语法衔接教学分析 ……………………………140

第二节　初高中英语语法衔接教学的问题及其成因——以定语从句为例 ………………………………………………………………145

第三节　初高中英语语法衔接教学改进策略 ……………………152

第七章　初高中英语听说衔接教学策略 ……………………167

第一节　初高中英语听说衔接教学现状 ……………………………167

第二节　初高中英语听说衔接教学改进策略 ……………………170

第八章　初高中英语写作衔接教学策略 ……………………175

第一节　初高中英语写作衔接教学现状 ……………………………175

第二节　初高中英语写作衔接教学改进策略 ……………………179

参考文献 ……………………………………………………………191

第一章
普通高中英语课程标准解析

第一节　普通高中英语课程标准的对比变化

2018年1月16日，教育部正式颁布了《普通高中英语课程标准（2017年版）》[1]（以下简称“课标2017”）。这次修订的课程标准是对2003年版的《普通高中英语课程标准（实验）》[2]（以下简称“课标实验版”）的改进和提升。“课标2017”顺应新的时代要求，贯彻了党的十八大和十九大关于教育改革的目标和要求，落实了“全面贯彻党的教育方针，落实立德树人根本任务，发展素质教育，推进教育公平”“培养德智体美劳全面发展的社会主义建设者和接班人”的教育要求[3]，为新的英语课程改革明确了方向和目标。

从2003年推出“课标实验版”到2018年“课标2017”的正式发表，这15年间，无数教育工作者为之奉献与努力，不仅从英语教育的理论层面提出了全新的内容，而且从实践层面提出了可靠的策略与方案：在教学主体设置上，坚持以生为本的原则，同时将英语教学目标逐步指向语言的综合运用；在课程结构设计上，讲究以多样化设计为基础，在奠定基础时要求学生统一发展，而在个性化能力发展时又注重通过选择性课程与针对性活动进行培育，以此体现分层教育的目的与效果；在教学的方式和手段上，注重促使学生有探索、体验、实践与探究的过程，从而让学生表现出更高的自觉性与自主性；在教学评价层面，提出以形成过程与终结成果两种评价方式相结合的新模式，充分而科学地展现学生学习的过程与结果；在教师培训方面，政府与教育部门提供了更多的途径和平台，为教师的发展提升创造了更好的条件。而在长期的教育改革与资源设施升级的过程中，我国义务教育阶段学生英语水平低下的状况已经基本转变，中小学生逐步学会了听英语和说英语；这意味着在课程标准实施的过程中，英语教学质量已有了显著提高。然而，面对新时代社会生活、经济生活、信息技术和科学技术的迅猛发展和深刻变化，我国新时代高中阶段教育仍存在一些问题，例如教师过多关注教而忽视学，选修课程缺乏有效实施，教学忽视语言的本质特征，教学缺乏语言所承载的文化内涵、缺乏思维培养，教学评价单一、效果欠佳等。

为进一步优化课程改革，明确高中教育定位，并解决过去十几年间教学中出现的种种问题，教育部统一部署与指导，于2014年开启了高中各学科课程标准的修订工作，经过三年多的深入研究与探索，在2017年完成修订，于2018年正式公布。本次修订后，英语学科的课程标准有了重要的改变：提炼了高中英语课程的四大核心素养，明确了英语学科核心素养是学生学习英语学科后应该达成的价值观念、必备品格与关键能力，更新了教学内容，同时补充了学业质量的相关要求。如何理解这些改变展现出的价值与意义，成为广大英语教师面临的重要挑战。因此，本节内容将着力于课程标准修订后的整体框架、课程性质、基本理念、课程目标、课程结构、课程内容、学业质量、实施建议、附录九大部分，探析“课标2017”的变化。

一、整体框架

“课标实验版”包括五个部分：前言、课程目标、内容标准、实施建议与附录。“课标2017”包括七个部分：课程性质与基本理念、学科核心素养与课程目标、课程结构、课程内容、学业质量、实施建议与附录。

“课标实验版”的前言部分包括课程性质、基本理念、课程设计思路三个主要内容；“课标2017”的前言部分在目录之前就呈现出来了，主要包括修订的指导思想和基本原则及修订的主要内容和变化，第二部分又含两部分：关于课程方案和关于学科课程标准。“课标实验版”前言中的课程性质、基本理念、课程设计思路三个主要内容在“课标2017”中被拆分为“课程性质与基本理念”和“课程结构”两个部分，“课标实验版”第二部分的“课程目标”在“课标2017”中变成了“学科核心素养与课程目标”。

从这些变化中不难看出“课标2017”在整体框架方面的变化：一是将“课程目标”和“学科核心素养”结合，第一次把学科素养和课程目标放到同样重要的位置，充分体现了我国在人才培养方面德育为先、能力为重、全面发展的宗旨，符合时代要求。二是增加了“课程结构”内容，这是课程实施的重要依据，体现了高中英语的课程理念和课程设置的价值取向，并在“课程结构”板块里列举了设计依据、结构、学分与选课三个大板块，让课程实施更具操作性。三是新增“学业质量”板块，进一步说明了学业质量的内涵、学业质量水平、学业质量水平与考试评价的关系，并在第六部分的实施建议中对学业水平考试和高考命题提出了建议，明确了教学与考试评价的统一性。

二、课程性质

“课标实验版”将高中英语课程定义为高中的一门主要课程，而“课标2017”强调对学生语言能力、文化意识、思维品质和学习能力的综合培养，具有工具性和人文性融合统一的特点。“课标2017”强调英语学科的育人价值，包括帮助学生进一步学习和运用英语基础知识和基本技能，发展跨文化交流能力，为学生学习其他学科知识、汲取世界文化精华、传播中华文化创造良好的条件，也为学生未来继续学习英语或选择就业提供更多机会，帮助学生树立人类命运共同体意识和多元文化意识，形成开放包容的态度，发展健康的审美情趣和良好的鉴赏能力，加深对祖国文化的理解，增强爱国情怀，坚定文化自信，树立正确的世界观、人生观和价值观[4]（具体见表1-1）。

表 1-1 "课标实验版"与"课标 2017"课程性质对比

"课标实验版"课程性质	"课标 2017"课程性质
高中英语课程是普通高中的一门主要课程。高中学生学习外语，一方面可以促进心智、情感、态度与价值观的发展和综合人文素养的提高；另一方面，掌握一门国际通用语种可以为学习国外先进的文化、科学、技术和进行国际交往创造条件。开设英语课程有利于提高民族素质，有利于我国对外开放和国际交往，有利于增强我国的综合国力。	普通高中英语课程是高中阶段全面贯彻党的教育方针、落实立德树人根本任务、发展英语学科核心素养、培养社会主义建设者和接班人的基础文化课程。 普通高中英语课程强调对学生语言能力、文化意识、思维品质和学习能力的综合培养，具有工具性和人文性融合统一的特点。普通高中英语课程应在义务教育的基础上，帮助学生进一步学习和运用英语基础知识和基本技能，发展跨文化交流能力，为他们学习其他学科知识、汲取世界文化精华、传播中华文化创造良好的条件，也为他们未来继续学习英语或选择就业提供更多机会。普通高中英语课程同时还应帮助学生树立人类命运共同体意识和多元文化意识，形成开放包容的态度，发展健康的审美情趣和良好的鉴赏能力，加深对祖国文化的理解，增强爱国情怀，坚定文化自信，树立正确的世界观、人生观和价值观，为学生未来参与知识创新和科技创新，更好地适应世界多极化、经济全球化和社会信息化奠定基础。

三、基本理念

“课标2017”提出了新的基本理念：“发展英语学科核心素养，落实立德树人根本任务”，强调课程的育人功能，进一步引导广大教师重新审视教育的价值，从关注学科知识走向关注育人，强调培养德智体美劳全面发展的人。“课标2017”提出，语言学习不应仅仅停留在交流工具层面，仅仅定位于为了与他人进行交流，高中英语教育的价值应体现在促进学生心智发展、塑造学生健康品格，培养学生的思维能力，引导学生向善的品格，提升学生的心智能力等方面（具体见表1–2）。

表1–2　“课标实验版”与“课标2017”基本理念对比

“课标实验版”基本理念	“课标2017”基本理念
（一）重视共同基础，构建发展平台 （二）提供多种选择，适应个性需求 （三）优化学习方式，提高自主学习能力 （四）关注学生情感，提高人文素养 （五）完善评价体系，促进学生不断发展	1. 发展英语学科核心素养，落实立德树人根本任务 2. 构建高中英语共同基础，满足学生个性发展需求 3. 实践英语学习活动观，着力提高学生学用能力 4. 完善英语课程评价体系，促进核心素养有效形成 5. 重视现代信息技术应用，丰富英语课程学习资源

四、课程目标

“课标2017”强调学科核心素养，而“课标实验版”对学生“综合语言运用能力”的要求大致分为五大要素，即语言技能、情感态度、语言知识、学习策略和文化意识。这五大要素是学生英语学习的根基，对其能力的塑造有着直接影响。但这一体系同样建立在学科本位的基础上，对能力的应用与实施却并未形成清晰指导，“课标2017”在此基础上提出了学科核心素养，即语言能力、思维品质、文化意识以及学习能力，这一学科核心素养的体系具有相互带动与发展的结构，培育语言能力的过程同时也是学生建设文化意识、发展思维品质和提升学习能力的重要过程，文化意识等其他素养也是提高学生语言能力的重要内容，由此形成了相互促进的闭环（见图1–1）。

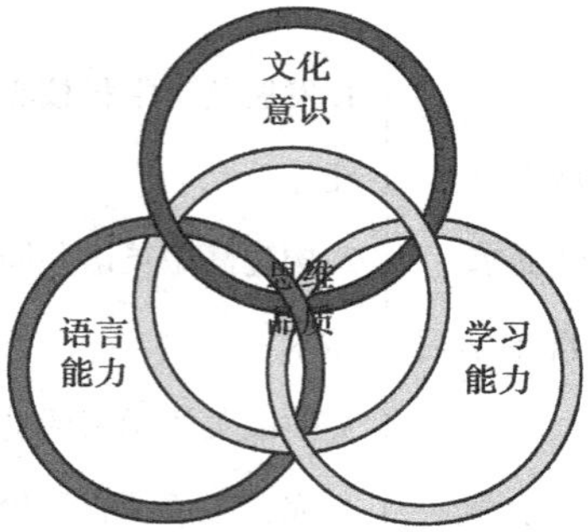

图1–1　英语学科核心素养结构图

在英语学科素养中，第一要素是语言能力，而语言能力又要求学生可以在不同的社会情境中，通过听、说、读、看、写等方法，完成对外来语言信息的理解或自身信息的科学表达，并且在掌握和运用的过程中生成必要的语言意识和语感。语言能力这一素养的重点大致可分为以下四点：

第一，“社会情境”。语言的发生和使用必然存在其对应的情境背景，因此在语言学习的活动中，必须创设相应的社会情境。第二，“听、说、读、看、写”。这五项元素是日常生活中人们运用语言并达成信息传递与理解的重要途径，是语言学习过程中的核心内容。第三，“理解与表达”。人们使用语言并非单纯为了传递信息，更重要的是通过信息传递情感与内在含义，因此语言学习的活动就应围绕语言表达的意义和理解过程展开。第四，“语言意识和语感”。前者是指人们对语言的形式、价值、社会功能等的认识，后者是指人们在不断接触与使用语言的过程中形成的对语言特色、风格、内在含义与隐藏内容产生敏感的特殊思维。

英语学科核心素养的第二要素是文化意识，指的是学生对中外多元文化的理解和认同能力，也是当前社会国际化发展日趋激烈背景下，学生通过语言学习建立跨文化意识的关键。语言本身即为文化载体，在语言学习中学生既能获取文化知识，也能建立文化认知，由此才能真正对语言承载的态度与价值观进行分析、判断和传递。学生通过语言学习达到一种文化认同，对知识和文化进行比较、分析和判断，由此实现自身逻辑、创新与批判思维的发展，达到形成正确的文化认知与文化判断力的目的，为其行为和选择奠定价值基础。文化知识的学习，要求学生对语言、文化与思维进行整合后达成学习目标，在此过程中学生需要通过感知、获取、分析、判断、推理、内化、论证、运用、赏析、创造等行为，汲取文化内涵、不断塑造自我，成为文化自信、修养高尚、思维灵敏、意志坚定的优秀人才，在解决问题、处理事情时做出正确的选择。因此，语言的学习并不是简单的知识学习，而是一个立足其内在含义与意义的、超越文化的学习过程，这也是英语学科育人的基础所在。

思维品质是英语学科核心素养中的第三要素，指的是学生的思维表现能力与综合水平，包括逻辑、批判、创新等多个层面。长期以来，大多数教师在教授英语时停留在知识与技能层面，未能关注学生的思维发展水平。许多教育家与学者都提出了这个问题,使得语言教学中学生的思维能力的发展成为一大紧迫问题。而对于学生来说,语言不仅是其学习的基本目标,也是其了解中外文化、科技、民俗习惯的重要过程,更是推进其思维与智慧发展的必要工具。因此,学生在学习英语的同时,还要对语言蕴含的内在文化进行剖析,通过获取、概括、整合、批判、总结等学习过程正向激励思维,获取知识内涵、建立文化认知,同时形成文化自信与正确的文化价值观。

学习能力是英语核心素养的第四要素,指的是学生通过调整策略与方法提高学习效率的能力与素养。学生的学习能力并非简单的、对学习方法与技巧的掌握,而是能够针对当前的学习内容、课程要求、自身能力等多元因素调整方法与策略的适应性,并由此实现策略的高效运用与迁移的能力。一般学生可使用的学习策略包括元认知策略、认知策略、交际策略与情感策略四项基本策略,而这些策略的掌握与使用可以有效提升学生的学习能力,为学生的可持续发展奠定基础。教师应从引导学生学会制订目标、进行自我监控、发现方法、自主反思等方面入手,同时也要引导学生学会调节和处理学习过程中的情绪与情感问题。

基于以上研究可以发现,英语学科素养显然突破了综合语言素养所包含的内容与要素,实现了更高层次的语言、文化和思维的融合效果,既为立德树人奠定了基础,又为学科育人体系的建设设立了基本目标。在英语学科素养中,语言能力是基础的学习要素,文化意识是引导学生价值取向的关键内容,思维品质是推动学生心智水平发展的重要内容,学习能力是学生持续成长和高效发展的必要保障。因此,核心素养的目标是教书育人的关键方向。课程改革是一项巨大、长期、繁杂的工程,除了核心素养的指导外,还需要考虑合理的课程结构、优质的课程内容、科学的教学途径以及有效的评价方式等内容。

表 1-3　“课标实验版”与“课标 2017”课程目标对比

“课标实验版”课程目标	“课标 2017”课程目标
使学生在义务教育阶段英语学习的基础上，进一步明确英语学习的目的，发展自主学习和合作学习的能力；形成有效的英语学习策略；培养学生的综合语言运用能力。综合语言运用能力的形成建立在语言技能、语言知识、情感态度、学习策略和文化意识等素养整合发展的基础上。语言技能和语言知识是综合语言运用能力的基础。情感态度是影响学生学习和发展的重要因素。学习策略是提高学习效率、发展自主学习能力的先决条件。文化意识则是得体运用语言的保障。 根据高中学生认知能力发展的特点和学业发展的需求，高中英语课程应强调在进一步发展学生综合语言运用能力的基础上，着重提高学生用英语获取信息、处理信息、分析问题和解决问题的能力，特别注重提高学生用英语进行思维和表达的能力；形成跨文化交际的意识和基本的跨文化交际能力；进一步拓宽国际视野，增强爱国主义精神和民族使命感，形成健全的情感、态度、价值观，为未来发展和终身学习奠定良好的基础。	普通高中英语课程的总目标是全面贯彻党的教育方针，培育和践行社会主义核心价值观，落实立德树人根本任务，在义务教育的基础上，进一步促进学生英语学科核心素养的发展，培养具有中国情怀、国际视野和跨文化沟通能力的社会主义建设者和接班人。 **语言能力目标**：具有一定的语言意识和英语语感，在常见的具体语境中整合性地运用已有语言知识，理解口头和书面语篇所表达的意义，识别其恰当表意所采用的手段，有效地使用口语和书面语表达意义和进行人际交流。 **文化意识目标**：获得文化知识，理解文化内涵，比较文化异同，汲取文化精华，形成正确的价值观，坚定文化自信，形成自尊、自信、自强的良好品格，具备一定的跨文化沟通和传播中华文化的能力。 **思维品质目标**：能辨析语言和文化中的具体现象，梳理、概括信息，建构新概念，分析、推断信息的逻辑关系，正确评判各种思想观点，创造性地表达自己的观点，具备多元思维的意识和创新思维的能力。 **学习能力目标**：树立正确的英语学习观，保持对英语学习的兴趣，具有明确的学习目标，能够多渠道获取英语学习资源，有效规划学习时间和学习任务，选择恰当的策略与方法，监控、评价、反思和调整自己的学习内容和进程，逐步提高使用英语学习其他学科知识的意识和能力。

五、课程结构

合理完善的课程结构是核心素养培育的基本保障，英语课程的结构设计应依托于两个元素，其一为“课标2017”中对高中英语课程提出的新定位，其二为近十几年来高中英语课程改革过程中表现出的一系列问题。

“课标2017”对高中阶段的内容重新做了定位，将其作为在义务教育基础上，以提高国民素养为目的，面向大众的基础性教育。其任务是推动学生的全面而个性的发展，为学生进入高校、步入社会和开启职业生涯打下良好基础，进而为学生的终身发展奠基。就我国高中英语课程的发展历史和发展现状而言，在过去十多年间，我国的中学英语课程已实现了普及的目标，不过各个地区的英语教育水平还有很大差距，这就使得不同地区学生的英语水平相差较大。与此同时，如今的英语课程学习面临更加多元的需求，而传统的英语课程结构相对单一，其学业要求也更为统一，均不符合当前学生的个性化发展趋势。要解决这一问题，我们应深入思考如何通过课程结构的设计来确保学生相对同步，同时又要侧重不同学生的个性发展。“课标2017”提出，课程结构的优化调整应从学分入手，通过降低必修学分、增加选择性必修学分，并控制必修课程的难度，以帮助学生拥有多元发展的个性化选择途径，从而达到减负增效。另外，在国家经济发展和教育发展升级的双重需求下，“课标2017”还为学生提供了更多选择，增添了日语、俄语、法语、德语、西班牙语等第二外语类选修课程，激励学校在建设好一门传统外语学科的基础上开辟全新的外语学科课程，以满足学生的额外需要。

必修课程是学生必须完成学习的内容，全生全修全考，这是构建核心素养的基础所在。在“课标2017”的新方案下，必修课程占6个学分。相比“课标实验版”而言，学分数减少了五分之二，同时也降低了难度，以此保证全体学生能够通过学习达到毕业水平。

选择性必修课程则是必修科目的提升与递进，学生可根据兴趣爱好与升学条件进行选择，也要进行选考。按照“课标2017”的要求，学生在选择性必修课程中获取8个学分就可以参加高考。选修类课程由学生自主选择内容并进行修习，主要分为由全国统一设置的提高类、基础类、实用类、拓展类、第二外语类等选修课程和由学校自主开发的校本类选修课程，共0～6学分。

表1-4 “课标实验版”高中英语课程结构

<table>
<tr><th rowspan="3">级别</th><th rowspan="3" colspan="3">必修课程
(10学分)</th><th colspan="6">选修课程</th></tr>
<tr><th colspan="3">系列I</th><th colspan="3">系列Ⅱ</th></tr>
<tr><th colspan="3">顺序选修课程</th><th colspan="3">任意选修课程</th></tr>
<tr><td></td><td>模块名称</td><td>周学时</td><td>学分</td><td>模块名称</td><td>周学时</td><td>学分</td><td rowspan="12">语言知识与技能类</td><td rowspan="12">语言应用类</td><td rowspan="12">欣赏类</td></tr>
<tr><td rowspan="11">九级
↑
八级
↑
七级
↑
六级
↑</td><td></td><td></td><td></td><td>英语11</td><td>4</td><td>2</td></tr>
<tr><td></td><td></td><td></td><td>英语10</td><td>4</td><td>2</td></tr>
<tr><td></td><td></td><td></td><td>英语9</td><td>4</td><td>2</td></tr>
<tr><td></td><td></td><td></td><td>英语8</td><td>4</td><td>2</td></tr>
<tr><td></td><td></td><td></td><td>英语7</td><td>4</td><td>2</td></tr>
<tr><td></td><td></td><td></td><td>英语6</td><td>4</td><td>2</td></tr>
<tr><td>英语5</td><td>4</td><td>2</td><td></td><td></td><td></td></tr>
<tr><td>英语4</td><td>4</td><td>2</td><td></td><td></td><td></td></tr>
<tr><td>英语3</td><td>4</td><td>2</td><td></td><td></td><td></td></tr>
<tr><td>英语2</td><td>4</td><td>2</td><td></td><td></td><td></td></tr>
<tr><td>英语1</td><td>4</td><td>2</td><td></td><td></td><td></td></tr>
<tr><td colspan="10">义务教育阶段一至五级</td></tr>
</table>

表 1–5　“课标 2017”高中英语课程结构

<table>
<tr><th colspan="9">高中阶段英语课程结构</th></tr>
<tr><td>类别
要求</td><td>必修课程
（6学分）</td><td>选择性必修
课程
（0～8学分）</td><td colspan="6">选修课程
（0～6学分）</td></tr>
<tr><td rowspan="3">提高要求
↑</td><td colspan="2" rowspan="3"></td><td>英语 10（2学分）</td><td rowspan="3">提高类</td><td rowspan="10">基础类</td><td rowspan="10">实用类</td><td rowspan="10">拓展类</td><td rowspan="10">第二外国语类</td></tr>
<tr><td>英语 9（2学分）</td></tr>
<tr><td>英语 8（2学分）</td></tr>
<tr><td rowspan="4">高考要求
↑</td><td rowspan="4"></td><td>英语 7（2学分）</td><td rowspan="7"></td><td rowspan="7"></td></tr>
<tr><td>英语 6（2学分）</td></tr>
<tr><td>英语 5（2学分）</td></tr>
<tr><td>英语 4（2学分）</td></tr>
<tr><td rowspan="3">毕业要求
↑</td><td>英语 3（2学分）</td><td rowspan="3"></td></tr>
<tr><td>英语 2（2学分）</td></tr>
<tr><td>英语 1（2学分）</td></tr>
</table>

六、课程内容

课程内容是落实核心素养培育的基础，是教师教学的依据，也决定着学生学习的内容。在建立明确的课程目标与结构后，就要更新与修订课程内容。修订依据同样包括两个元素，第一，是近年来语言教育领域提出的教育理论与实践案例。教育专家、学者研究并提出了诸多改变与革新英语教育方式的理论与策略，现代功能语言学为现代英语教学提供了重要依据，突出了语境、语篇及语用在现代英语教学中的重要意义，为教师明确语言与思维之间的联系提供了理论基础。第二，是近十几年英语基础教育改革的反思与问题研究成果。在传统英语教学中，碎片化、模式化的教学形式的教育效果不好，主要体现在传统英语课程强调关注语言的具体表现形式与信息提取技能，而忽视了引导学生理解语篇主题、挖掘语言文化，导致学生在学习时只停留在掌握语言基础知识、表面理解和运用语言策略的层面上，而没有结合主题语境和语篇意义进行深层次的思考。

立德树人根本任务的实现是建立在科学化的教育模式之上的，其课程内容的变化就是使学生更重视运用语言，并由知识和技能转向掌握语篇、理解文化与实现语用。在课程内容的改变中，一要优化学生的学习方法，转变原有的碎片化信息和表层的认知，将课程进行关联、整合，进而形成递进发展，让学生能够进入语言的深度学习之中。二要在教学设计上进行改革，从标签式的情感态度理解转向让学生在语境之中体会语篇呈现的真实情感与个性差异。

在构建整合型教学内容方面，“课标2017”提出了有效方案，将主题语境、语言知识、语篇类型、文化知识、学习策略、语言技能等基本要素融入教学内容之中，形成了相较于“课标实验版”更具完整性、更为系统化的结构。“课标实验版”在课程内容的要求上主要关注语言知识、学习策略、语言技能、情感态度价值观与文化意识，终极目标在于提高学生的综合语言运用能力，但事实上，各模块内容与目标之间缺乏整合性与关联性。“课标2017”则重新进行了内容梳理，从语言承载的语境与文化入手，视之为核心素养培育的关键内容，进而通过“听、说、读、看、写”等学习活动，完成对语篇主题意义与文本内涵的学习和理解，让学生通过对信息的梳理、获取、概括、整合、分析、论证、批判、评价、迁移、创新等，实现语言能力和思想素养的共同发展，并由此帮助学生打造正确的价值观，掌握科学的学习策略，达到学会学习的目的。

修订后的课程内容结构如图1–2所示，图中对其关键要素进行了内涵与功能的说明[5]。

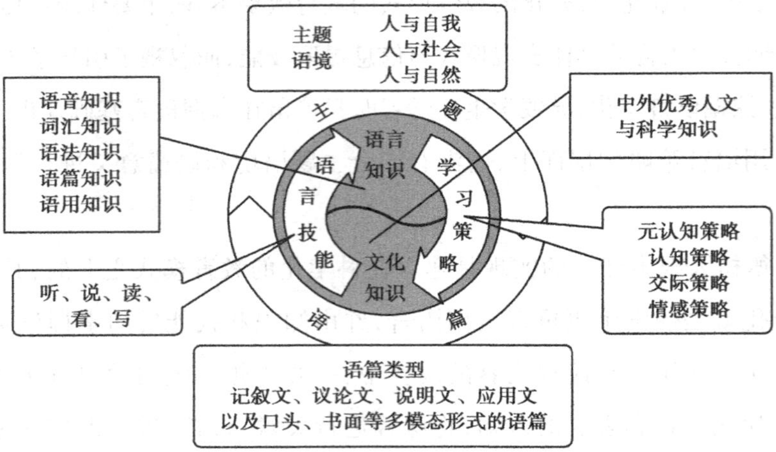

图1-2　六要素整合的英语课程内容

主题语境在人与自我、人与社会以及人与自然三种不同的范围之内，生成了十个不同的主题群，每个主题群又分为多个子主题。这些主题是有效规范英语语言知识与文化学习的重要依据，同时也为学生的学习环境提供意义语境。

语篇类型指的是文体类型，高中英语常见的文体类型有记叙文、议论文、说明文、应用文等，此外还有口头表达、书面记录等多模态语篇，以及文字、图示、视频、歌曲等更多形态。不同的语篇类型可以表现不同的主题意义与文化内涵。在英语学习中，语篇也是形成意义的基本单位。

语言知识是英语课程中直接掌握的重要内容，主要涉及语音、词汇、语法、语篇、语用等诸多元素，是承载文化内涵的有效载体。语言知识具有静态性，需要学生在学习的过程中逐步理解并内化。"课标2017"首次将语篇与语用知识纳入课程标准，主要原因是大家逐步意识到语篇是英语表达意义的基本单位。人们使用语言时，词汇与语法知识只是独立的辅助元素，只有将其组合成为语篇才能实现有意义的连贯性表达。语篇还表现出文体与结构上的特征差异，在不同的文体下通过不同的方式完成句子或段落之间的衔接与连贯，是学生完成意义理解或意义表达的重要基础。

语用知识指的是学生在一定语境下正确理解他人或得体表达自己所需要

的知识。对于学生的交际与表达，语用知识具有十分重要的意义，能够帮助学生根据社交场合、目的、身份、角色等各种因素制订恰当的沟通交流方式，选择正式或非正式、直接或委婉、口头或书面的表达方式。这是传统英语课程中缺乏的关键要素之一。

文化知识是英语学习中出现的中外优秀人文类和科技类的知识，这正是新课程标准要求下英语学习的核心内容。在文化知识的学习过程中，学生必须运用自己的学科知识和技能，对语篇信息进行整理、归纳、综合、对比、研究、评判等，将其中蕴含的文化转化为自身的意识，进而为自身的文化修养、个人涵养以及人文底蕴的建设提供帮助，并由此树立文化自信，建立民族共同体意识。

语言技能指的是学生在学习语言知识或文化知识过程中所需的基本方法，主要表现在通过听、说、读、看、写等过程完成对语篇意义的理解和探究。

学习策略指学生在学习过程中选择最适合自身或所学具体内容的方法和策略，是提高学习效率的基本手段，也是学生掌握语篇、语言知识、语言技能和文化知识等学习内容所必备的基本能力和思维。有效应用学习策略既能保证学习效率，又可以为学生自身能力的发展提供帮助。

“课标2017”将原来的“管理策略”更新为“元认知策略”，并置于四大学习策略的第一位，这也恰恰证明了元认知策略是学生发展的重要依托。近年来的多项研究也表明，元认知策略可以对学生的学习行为进行调控，进而成为其他三大策略落实的基础。

表1-6　“课标实验版”与“课标2017”课程内容对比

“课标实验版”课程内容	“课标2017”课程内容
按照基础教育阶段英语课程分级总体目标的要求，高中课程标准对语言技能、语言知识、情感态度、学习策略和文化意识五个方面分别提出了相应的具体内容和标准。	英语课程内容是发展学生英语学科核心素养的基础，包含六个要素：主题语境、语解类型、语言知识、文化知识、语言技能和学习策略。

七、学业质量

“课标2017”第一次将学业质量纳入总目录,并做了如下阐述:

学业质量是学生在完成本学科课程学习后的学业成就表现。学业质量标准是以本学科核心素养及表现水平为主要维度,结合课程内容,对学生学业成就表现的总体刻画。

高中英语学业质量设置三个水平,学业质量的三个水平与必修课程、选择性必修课程和选修课程中的提高类课程有关联。

高中英语学业质量水平既是指导教师开展日常教学的依据,也是阶段性评价、学业水平考试和高考命题的重要依据。

新增的学业质量板块是高中英语核心素养在学业上的具体体现以及在英语课程中的融入环节,“课标2017”在教学实践中更能有效指导教学和测评,让教师更明确教什么、怎么教、教到什么程度,以及培养学生的哪些学科能力与学科素养。

八、实施建议

“课标实验版”的实施建议包括教学建议、评价建议、课程资源的开发与利用、教材的编写和使用建议四个大方面。其中,教学建议部分由教学原则、语言技能教学建议、教学活动类型和教学案例四个部分构成。“课标2017”的实施建议则包括五个部分:教学建议、评价建议、学业水平考试与高考命题建议、教材编写建议、地方和学校实施本课程的建议,其中教学建议部分涉及课程开设(以核心素养为目标,依据课程内容要求,开设好必修、选择性必修和选修课程)、主题(关注主题意义,制订指向核心素养发展的单元整体教学目标)、语篇(深入研读语篇,把握教学核心内容)、学习活动观(实践英语学习活动观,促进核心素养有效形成)、学习能力(重视培养学生的学习能力,为学生学会学习创造条件)、现代信息技术（利用现代信息技术拓宽学习和运用英语的渠道）、“教学评”关系（处理好教、学、评的关系，达到以评促教、以评促学的目的）、教师专业化水平（不断提高自身专业化水平，与课程改革同步发展）。

通过对比发现，“课标实验版”为教师提供了一些基本的教学建议，但内容不够明确具体，可操作性不强，这就为教师落实课程目标带来了新的问题。为保证核心素养的有效落实，“课标2017”着重提出了课程的实现途径，并统一了课程目标、内容以及途径的结构。

“课标2017”确立了以六要素整合为中心的英语学习活动观，明确提出在英语课堂教学中应采用学习活动的形式，并由此落实课程目标。其中提出的英语学习活动观具有重要的保障意义，既有利于确保课程内容基于课程目标展开，又可以通过活动形式促进学生的深度学习，由此改变学生的学习方式，提升教学质量。

那么我们应如何理解以六要素整合为中心的英语学习活动观呢？以下三个关键词或许是我们解读的重要切入点。第一，从“六要素整合”角度分析。要做到主题语境、语篇类型、语言知识、文化知识、语言技能和学习策略这六大基本元素的整合，我们首先应在英语教学时建立主题意义，同时依托语篇，落实语言知识和文化知识的学习，学生通过听、说、读、看、写等方式完成学习任务、发展语言技能，进而达到理解语篇与表达意义的学习目的，在这一过程中获得思维的解放，达到学会学习的目的。第二，从“英语学习”角度分析。英语学习指的是以英语语言或学科内容为基础展开的学习，兼具内容与途径的双属性。第三，从“活动观”角度分析。“观”指的是该概念已经形成了一种普遍的态度与认识，而这里的“活动”并非一般意义上的生产活动或生活活动，而是带有教育意义的学习活动。学习活动旨在促进学生个人语言能力和知识水平的发展，使其建立正确的价值观。具体来说，学习活动包括学习理解、实践运用、创新迁移等活动要素，并具有综合性、实践性与关联性等基本属性。“课标2017”明确提出，语言教学要以活动为基本方式，这是学生利用语言实现认知和理解、建立人文认同、开发多元视野、培养知识技能、发展多元思维的重要途径。

"课标2017"揭示了活动观的三个基本层次,并针对学习理解、实践运用、创新迁移等活动要素进行了阐释,为教师教学提供了基础指导。

学习理解相关活动以感受关注、获得整理、归纳总结为主,以语篇为教学活动开展的基础。教师在创设情境实施教学时,要依据语篇主题进行设计,并结合学生的知识与经验,通过呈现语言与文化背景,进而引出最终的问题。在问题出现后,教师则要围绕解决问题展开活动。教师可以鼓励学生通过阅读语篇获取新的知识,学生在阅读过程中则要对语篇的内容信息进行梳理、概括与整合,进而找出信息间的联系,构建新的知识结构与感知体系,由此理解语篇表达的意义及其背后隐藏的文化价值。

实践运用相关活动以描述、阐释、判断、分析、内化、运用等活动形式为主,以学生的学习理解活动为基础。教师应引导学生根据主题展开对新知识的理解,通过对新知识进行阐释、判断、分析等,最后实现对语言和文化知识的有效内化,形成全新的知识架构,使学生能自动在表达过程中应用新知识,从而实现知识向能力的转变。

创新迁移相关活动以演绎、讨论、批判、评价、想象、创意等活动形式为主,而此类活动早已超出了语篇本身。因此,教师应当组织学生对语篇隐藏的价值取向、情感态度及文化历史加以探究,并通过讨论、批判、评价等不同手段来完成对语篇的深层理解,包括赏析语篇的文本特征、认识其修辞手法、发掘其主题意义、对作者观点进行分析或批判等,从而给学生创设跳脱出文本的语境,引导学生采取自主、合作、探究的手段实现语言知识、语言技能的综合应用和多元观念的形成,实现处理新情景问题的目的。在这一过程中,教师应引导学生在思想表达活动中保持理性的态度和使用合理的方法,并在学习中将学会的能力转变为学科核心素养。

由此不难发现,英语学习活动应依托语言、文化以及思维展开设计,通过由浅入深的递进变化,感受英语学科的教育内涵和价值。此外,在英语学习活动观的影响下，其对应的教学活动具有更高的适用性，能够满足不同形式语篇与主题的教学设计需求，因而可以有效辅助学科素养的落实。

表 1-7　“课标实验版”与“课标 2017”实施建议对比

“课标实验版”实施建议	“课标 2017”实施建议
教学建议 评价建议 课程资源的开发与利用 教材的编写和使用建议	教学建议 评价建议 学业水平考试与高考命题建议 教材编写建议 地方和学校实施本课程的建议

九、附录

“课标 2017”附录删除了语音项目表、功能意念项目表、话题项目表三个内容，新增了英语学科核心素养水平划分、教学案例及课文原文。这一变化着力于培养学生的学科核心素养，关注学生发展，强调育人功能，英语学科教学也走向了以发展学生英语学科核心素养为目的。教学案例则极具指导性、示范性和操作性。

表 1-8　“课标实验版”与“课标 2017”附录对比

“课标实验版”附录	“课标 2017”附录
一、语音项目表 二、语法项目表 三、功能意念项目表 四、话题项目表 五、词汇表	附录 1　英语学科核心素养水平划分 附录 2　词汇表 附录 3　语法项目一览 附录 4　教学案例及课文原文

总而言之，“课标 2017”引导学生学习语言知识、发展语言技能、提升思维品质、汲取文化精华，帮助学生由学习知识向培养素养和能力转化，变表层学习为深度学习，对高中英语教学具有极其重要的价值。

第二节　系统理论下的高中英语课程标准

一、从系统论角度看"课标2017"

依托系统理论分析,"课标2017"展现出整体性、层次性、相关性、目的性与动态性等诸多性质特征。

(一) 整体性

"课标2017"是一个完整独立的课程系统,不仅提出了课程性质与基本理念,而且规范了学科核心素养与课程目标、课程结构、课程内容、学业质量和实施建议,针对英语学科还划分了核心素养水平,列举了词汇表、语法项目、教学案例以及课文原文,再加上依据课标重新编写的教材等,进一步完善了这一课程系统。作为一个整体系统,"课标2017"发挥的整体功能远超各部分元素的功能之和,这是"课标2017"整体性的真实效用;这同时也要求教师在教学过程中对其进行整体应用,而不是部分活用。

(二) 层次性

"课标2017"层次分明、内容清晰,其课程性质、基本理念、课程目标等均分为不同层次展开,核心素养也划分为三个水平等级。在课程结构方面,"课标2017"设计了必修课程、选择性必修课程以及选修课程三种课程形式,分为10个模块,对应20个学分。在课程内容方面,则规范了主题语篇、语言文化、技能策略方面的六大要素,明确了人与自我、人与社会、人与自然的三大主题方向。在学习内容方面,提出了语音、词汇、语法、语篇、语用和文化等方面知识的内容和要求。在学习技能方面,明确了听、说、读、看、写各项语言技能的内容要求。在学习策略方面,提出了元认知策略、认知策略、交际策略、情感策略等学习策略的内容要求。在学业质量评价方面，提出了形成性评价和考试命题的重要依据。因此，教师在教学应用中，应依照步骤与层次规划，根据难易程度循序渐进地展开教学。

（三）相关性

“课标2017”规范了课程性质、学科核心素养、课程内容等诸多要素，而这些要素之间具有相互关联且制约的关系。在课程内容设计方面，高中英语课程主要包含了三个宏观主题，同时设有32个子主题，语篇类型则包括记叙文、议论文、说明文、应用文等文体，借助语篇传播与普及英语知识与中外文化，进而引导学生掌握五项语言技能、熟练应用各种学习策略。这些内容之间具有更高层面的相关性，而这就要求教师在教学过程中必须将各要素内容联系起来，通过逻辑辩证与批判引导，让学生找到课程设计内部的联系与规律。

（四）目的性

“课标2017”的课程目标极为鲜明。从宏观层面来说，“课标2017”以党的教育方针为基础，以立德树人为根本任务，以发展核心素养为基本目标，进而培育五育并举、具有中国情怀与国际视野、能够进行跨文化交际的优秀人才。从学科层面来说，“课标2017”着力于培育学生的语言能力、文化意识、思维品质、学习能力等学科核心素养。因此，教师在教学中应保证学生达到学科核心素养的基本要求。

（五）动态性

“课标2017”以实验稿为基础，经历了十余年的经验总结与完善，经过了教育部专家长达四年的审核、修订。课程标准的修订不仅反映了我国十几年来的教育发展进程，而且凸显了教育改革的优势与价值，通过课程标准的使用、发展与变化反馈教学一线的真实需求，进而依据新的要求与教育任务，打造出更完善、科学、值得检验的课程标准，展现出动态完善、持续优化的效果与价值。

二、系统论角度的"课标2017"学习建议

既然"课标2017"是一个系统，具有系统的特性，那么，我们不妨尝试借用系统论的方法，来学好学活、用好用活"课标2017"。

（一）通读、细读、深读

通读、细读、深读就是要学习把握好"课标2017"的整体性和层次性。通读数遍英语课程，了解其性质、基本理念、学科核心素养、目标、结构、内容、学业质量、实施建议、附录等，形成整体印象与完整概念，弄懂学透其内在逻辑层次性及整体性。尤其对课程的内容和实施建议，要在通读的基础上细读、深读、反复读，从而摸透课程内容要求、实施方法路径和应注意的问题。

（二）重点读

重点读就是要学习把握好"课标2017"的目的性，对"课标2017"的新内容——英语学科核心素养水平划分和教学案例及课文原文，特别是对三个素养级别水平划分的描述，要重点读、详细读、深入读、反复读、对比读，吃透英语学科育人价值和立德树人根本任务及二者的相互关系。

（三）对比读、批判读

对比读、批判读就是要学习把握好"课标2017"的相关性和动态性。把"课标2017"的课程结构、课程内容、学业质量、实施建议和附件中的词汇表、语法项目一览、教学案例等与"课标实验稿"相关部分进行对照，对比读、分析读、反复读、辩证读、批判读，钻深钻透二者的内在联系、相互关系和异同。

（四）在教学实践中用好用活"课标2017"

从近年高考答题情况可以看出，学生的英语学科核心素养的发展存在"四不"。一是学习能力不足。比如2016年全国卷Ⅰ要求学生写一封求助信，很多

学生被显性信息所迷惑，写成了申请或求职信。这反映出学生对书面表达题准确审题的能力不够，即学习领悟能力不足。二是思维品质不高。学生的书面表达中存在语句形式多于真实内容、乱套模板句型多于文词通顺、乱用名言名句多于真情实感等现象，这都反映出学生动笔表达前没有想好、想全、想细，思维存在缺漏。三是文化意识不强。学生的中华优秀传统文化意识不强，对中华优秀传统文化了解不深、传承不多。四是语言能力不足。学生书面表达中的文字无骨架，缺少主题句，缺乏逻辑性；文字无血肉，支撑乏力，论据不足、不对，词语重复啰嗦；文字无"颜值"，汉语思维痕迹明显，基本语法、常用拼写错误较多。

借助系统论方法和"课标2017"对英语学科核心素养的要求，要提升书面表达能力水平可以从以下几个方面着手。一是明确要用什么文体写什么主题（学习能力），懂得表达什么具体内容，即话题（文化意识）。二是要考虑如何组词成句、表达意思（语言能力），如何连句成段、谋篇布局、组织信息，即文章结构（思维品质）。三是要从阅读开始进行系统训练，广泛、深入而细致地读取信息（学习能力），全面、系统、分层地解构信息（文化意识），对标和关联整体，重构信息（思维品质），从而正确、规范、清晰地表达信息（语言能力）。四是日常教学中的写作能力训练要有整体规划和全面安排（思维品质），从词、句、段、篇章着手，组词成句、连句成段、合段成篇（思维品质、语言能力）。教师可以先指导学生学会写好一个完整的句子，再让学生尝试写出两个完整的句子，然后教会学生正确使用连接词。除了连接词，教师还可以教学生其他一些连贯方法。学生会写两个以上的句子，再学写段落就比较顺当，这里需要有主题和细节意识（语言能力、文化意识）。五是激发学生的写作欲望。学生首先要有主观欲望，写心里话，写出心声，做到文从心生，然后要有真实的生活实践和真实的书面表达素材，再要有语言知识和句子结构、语法修辞的相关训练，即如何表达，最后要有思维和逻辑训练，即如何表达好。

第三节　高中英语新课程标准下的育人观

2018年1月,"课标2017"由教育部正式颁布。"课标2017"不仅全面贯彻了党的教育方针,而且坚持以立德树人为根本任务。"课标2017"强化了英语学科的育人价值,提出了具体明确的教育目标,要求英语教育坚持德育与能力并重、基础与创新共举的原则,将学生作为课堂中心,以活动作为教学载体,进而通过培育核心素养,让当代学生成长为具有中国情怀与国际视野的优秀人才,成为社会主义建设的青年支柱,为人类命运共同体的建设贡献力量。这是高中英语课程改革中构建的新育人观,也是我国英语基础教育走进新时代的重要标志,并通过理论与实践,圆满回答了教育的三大问题。

一、普通高中英语课程的性质与学科本质观

"课标2017"在前言部分给出了高中课程的标准定义,强调了高中课程的基础教育属性,明确了党的教育方针与指导思想,从国家意志与立德树人层面规范了教育的目标与内容。学科课程标准是依据党的教育方针、根据立德树人思想、以培养基础教育人才为目标的教育计划、内容、方法与评价的进程总和,是回答教育三大问题的重要内容。学科课程标准不仅规范了教师的教程,而且明确了学生的学程。当确立以学生为中心时,即可达到最佳的应用效果。

"课标2017"对普通高中英语课程的基本性质做出了全面的界定与规范,主要内容如下:

"普通高中英语课程是高中阶段全面贯彻党的教育方针、落实立德树人根本任务、发展英语学科核心素养、培养社会主义建设者和接班人的基础文化课程。……学习和使用英语对汲取人类优秀文明成果、借鉴外国先进科学技术、

传播中华文化、增进中国与其他国家的相互理解与交流具有重要的意义和作用。……普通高中英语课程强调对学生语言能力、文化意识、思维品质和学习能力的综合培养,具有工具性和人文性融合统一的特点。……普通高中英语课程同时还应帮助学生树立人类命运共同体意识和多元文化意识,形成开放包容的态度,发展健康的审美情趣和良好的鉴赏能力,加深对祖国文化的理解,增强爱国情怀,坚定文化自信,树立正确的世界观、人生观和价值观,为学生未来参与知识创新和科技创新,更好地适应世界多极化、经济全球化和社会信息化奠定基础。”[6]

以上关于英语课程性质的描述具有重要且深远的意义,不仅突出了英语学科的基础教育属性,而且为学校开展英语课程、落实教育功能提供了指导。如今世界不断向多边合作、双向交流的形式发展,跨文化沟通能力成为国际交往的重要素养与技能。在寻求国际合作、了解国外文化的过程中,跨文化沟通能力是双方共同理解并完成准确表达的关键。人类主要通过语言完成交际,而英语目前仍是全世界使用最广泛的语言类型。语言往往承载着一个国家的文化传统,展现了国家与民族的思想方式、文化价值与民族凝聚力,因此,掌握一种语言就可以了解一个国家的文化,进而了解其国家人民的思想。学会多种语言,则可以了解不同国家文化之间的差异,进而形成客观理性的价值观,形成理解包容、求同存异的世界眼光。

英语课程是我国基础教育中的重要内容之一,具有鲜明的基础性与实践性。英语教育强调学生要发展语言学习的基础知识与应用技能,既要能够理解语言及其文化,又要能够应用所学完成表达和交流,同时还要求学生展现出更高的文化素养,即能通过语言或文字表达自身的情感态度,形成语以寄物、文以载道的学习品质。

英语教育有别于母语教育,除了一般语言课程的教育功能外,还能促进学生的爱国情怀、全球意识、文化自信以及跨文化思维等情感与能力的发展,让学生拥有多元化的思维认知与文化审视能力,通过对外交流形成合作、汲取国外的优秀文化与先进经验，进而促进自身的发展，推动中华文化走向世界，最终成为讲述中国好故事、弘扬中国优秀文化的重要代表。

二、立足英语课程育人目标

英语课程的核心载体是英语学科目标与学科内容，其不仅以立德树人为根本任务，而且通过明确的教育目标引领教学内容的有效落实，保证教学方法的先进性，由此彰显国家在教育事业建设中的重要意志，落实有情怀、有能力、有视野的人才培育目标。在课程标准全面修订前，我国的英语课程标准更关注学生的知识能力与应用能力的发展，并以学生学习的过程与体验为中心要素，其本质上倾向于应试教育的指导设计，对学生的成绩关注度超过学生的综合素养，因而使得教学内容与活动设计呈现出碎片化、机械化的形式特征，其关键在于过重突出应试能力的培养，而忽视了真实社会情境的系统性与连续化。

“课标2017”对课程标准进行了重新优化，并基于立德树人根本任务建立了新的育人观。新的育人观提出，普通高中英语课程应具备综合性的育人属性，一方面要促进学生语言能力、思维品质以及文化意识等学科素养的发展，另一方面要落实立德树人根本任务，强化学生的道德品质与政治修养。在新的育人观下再次解读“课标2017”的课程目标，就会发现其恰好将育人观融合其中，形成了学科素养与思政教育协同建设的模式。

与2003年实验版的课程标准相比，“课标2017”将其育人目标深扎于立德树人根本任务之中，从而将学生的价值观教育、道德指引、学科素养培养等能力融于一体，以强调学生的综合发展与全面成长。“课标2017”的总目标中突出了“中国情怀”“国际视野”“跨文化沟通”等关键词，这恰恰对应着学生的情感态度、认知视野以及学科素养这三项基本内容。因此课程总目标（全面贯彻党的教育方针，培育和践行社会主义核心价值观，落实立德树人根本任务，在义务教育的基础上，进一步促进学生英语学科核心素养的发展，培养具有中国情怀、国际视野和跨文化沟通能力的社会主义建设者和接班人)也是现代教育需要贯彻的教育方针。

课程总目标的实现在于具体目标的实现与活动的实施,由此保证目标的有序落实,最终达到全面完整的育人要求。在广泛调研与全面研究之后,“课标2017”提炼出详细的学科具体目标,并通过英语学科核心素养进行统筹,要求学生在经过课程学习后达到或具备相应的语言能力、思维品质、学习能力等。从整体层面分析,学科素养必须是学生在相应学段英语课程学习任务过程中,跟随课程开展而逐步形成的正确观念与必备品格,或逐步提升的关键能力,而这些品格与能力是影响学生终身发展的关键要素。从单一角度分析,学科素养中的语言能力是学生成长的基础要素,文化意识是学生价值观念的建设内容,思维品质是学生需要达成的心智水平,学习能力则是学生学习本课程的发展能力。四项学科素养具有相互渗透与融合的关系,通过相互之间的协调发展与同步促进,为达成课程总目标提供综合服务。

学科育人观规范了立德树人理念下英语课程的基础目标,以保证英语课程在实际教学中展现出应有的育人价值。国家开设普通高中英语课程,就是要通过系统化的课程体系来促进学生基础知识、基础技能、健康价值观、正确人文观的发展,推进社会主义核心价值观的全面落实,让学生建立正确的人格与良好的文化态度,形成中国情怀与国际视野的协同意识,能够在未来的学习工作与生活成长中与国际人士进行无文化障碍的交流,分享和交流我国的文化思想,了解与学习国外的优秀文化,由此树立独立、辩证、批判、思辨的思维方式与精神意识,并掌握自主、积极、高效的学习态度与认知策略,为将来的生活与职业发展奠定良好基础,成为真正为祖国复兴而做出贡献、为社会主义建设注入力量、参与新时代中外交际与合作的优秀人才。

英语课程的总目标是引领英语学科教学的定位标准,可以有效指导课程的育人方向,让学生既能学会做人,又能成就事业,进而实现成人成事的育人价值。英语课程的具体化目标设置则是一个学科的育人目标落实的操作平台,通过渐进变化的教育活动，让学生在不断成长中逐步获取相应的素养与能力，最终达成总目标的要求，是通向总目标的操作路径。

三、指向学科核心素养发展的学习活动

对于教育三大问题之一的“如何培养人”，“课标2017”给出了答案。“课标2017”明确提出了学科育人的实现路径，即以指向学科核心素养发展的学习活动为基础，进而构建完整的学习活动观。在该学习活动观下，英语课程应坚持德育与能力培养并重、基础与创新思维共举的教学原则，让学生自主应用英语完成理解与表达活动，并在学习中完成对中外文化的鉴赏与推广，以中国情怀塑造文化自信，用国际视野拓宽交际范畴，进而在跨文化交际的过程中保证良好的沟通、思辨与创新能力，形成正确的三观与品格。该学习活动观正式确定了英语学习活动的重要育人价值，教师应将其作为课程教学的基本组织形式，以保证课程目标的有效落实。

“课标2017”对教师教学设计提出了更为具体的要求，尤其在英语学习活动的设计过程中，教师既要保证其综合性、关联性与实践性，又要突出其对学生理解能力、实践能力、创新能力的引导，进而促进语言、文化与思维形成一个整体，通过学习活动的包容性，完成对语篇意义与信息的获取、解释与评价，让学生拥有自主表达个性观点的平台，进而依托主题语篇表达自己的情感与态度，比如可以分析语篇中中外文化的异同点、拓宽多维思考的途径、对语篇观点进行批判评价等，真正实现培育学生学习能力与应用能力的目标。

“课标2017”对英语课程内容进行了细化，将其分为主题语境、语言知识、语篇类型、文化知识、学习策略和语言技能六项基本要素，在此背景下对其学习活动观提出了更明确的界定。“课标2017”提出，学科素养的培育与教学必须建立在主题意义之上，一方面要发挥语篇的学习载体作用，将语言知识、文化知识、语言技能、学习策略等融于语篇之中，另一方面则要建立具有主题意义的探究

类活动，让学生在探索与研究的过程中学习语言知识，提升自身的语言技能，并由此汲取文化营养，实现思维、品格、学习策略以及学习效率的显著提升，让学生的这四项学科素养得到同步提升与发展。

“课标2017”明确规定，教师在教学过程中应以学生为中心，基于学生的能力与兴趣呈现教学内容，进而组织适合学生发展的学习活动。在以学生为主体的活动中，教师既要深化语篇的教育价值，将学生已经掌握的知识载入不同类型的语篇之中，进而引导学生开展问题分析与解答活动，让学生通过自主探索、合作讨论、协作探究等方式，在活动之中促进语言知识、语言技能、文化知识以及学习策略等方面综合能力的发展。在教学活动设计中，教师既要强调语言知识与语言技能的整合，又要突出思维品质与文化意识的强化，进而在培育综合能力的过程中，使学生的学习能力得到全面发展。在新的学习观之下，教师应将活动视为基本的教学形式，引导学生将活动作为发展能力、拓宽思维、建设文化意识的重要途径。同时，活动观也为教师提供了更宽广的教学途径，教师不仅可以将课程内容整合于活动之中，而且可以引导学生在循序渐进的活动中探索更深度的学习，甚至可以将课程目标的可操作内容建设为学习项目，通过活动呈现教学意图，让学生拥有更大的成长空间。对于英语教师而言，则要在活动观视角下进一步审视课堂教学的科学性与有效性，保证课程内容的整合具有教育意义，保证教学方法的改变符合学生需求，使英语课程成为有情境、有意义、分层次与讲实效的教学活动。

要有效落实学科素养的培育，设计以学生为主体的学习活动，不仅需要教师更新教育观念，也需要教师在教学实践中总结经验，寻求变革思路与方向。从学科本质观与学科育人观的角度分析，教师必须转变传统孤立的语言知识传授形式，充分发挥学生的主动性与探索性，让学生脱离机械化训练的学习模式，在自主思考与交流发现中成长。具体而言，教师应根据学生的实际情况设计学习活动。第一，要符合学生的社会阅历与生活经验，同时要满足学生的认知水平和发展愿望。第二，要具备兴趣激发功能，让学生能勇于挑战，同时又能通过努力顺利完成任务，在学用结合、学以致用中成长。第三，要坚持知行合一，用实际行动引领学生学习与思考，提供真实表达的情境与实践交际的平台。第四，要确立主题意义的引领作用，依托主题创建符合学生学习水平的语用环境，进而提升学生的学习体验，形成口头、书面等多种表达成果，让学生既能挖掘与理解语篇中蕴含的主题意义与内在情感，又能将所学知识在相同情境下进行应用和表达，以此达到语用能力与思维品质的同步发展。第五，要围绕主题意义建立探究活动并引导学生进入深度学习，活动设计要以语篇的解读、建构与交流为目的，让学生通过整合语言知识与技能，将语篇主题应用于实际生活之中，进而融入语言、思维与文化之中，拓展学生能力，发散学生思维。第六，要落实学生在活动中的习得和收获，一方面要保证学生在语言技能运用过程中总结文化内涵，对比中外文化差异，针对语篇意义与观点展开评价和讨论，以此推进学生逻辑思维与批判思维的成长；另一方面则要帮助学生构建多元视角，既要以正确的价值观念看待文化差异，又要以积极的情感态度理解语篇意义，并鼓励学生依据自身所学知识和经验展开问题分析与评价，形成自己的看法、态度与情感。

“课标2017”倡导以发展核心素养为中心的学习活动观，这一活动观以真实的社会情境或学生的生活情境为基础展开教学，主要以学生的自主学习、合作探究等形式展开，不仅展现出体验式与过程化的特征，而且还具备建构属性，有益于帮助学生逐步建成完整化、系统性的学科认知体系与素养体系。对于外语类课程来说，语篇可以为活动提供主题情境，学生则要依托语篇与情境进行信息的获取理解、梳理加工和整合内化等，以此实现学生能力与素养的递进式发展，促成语言、思维与文化的一体化建设。这样的活动设计不仅在课程内容与课程目标之间搭建了桥梁，而且给予了学生中心主体的地位，让学生在自主体验、自由互动、思维建构的过程中完成学习挑战，进而达到学科素养具体目标的逐步实现，最终落实课程总目标。

第二章
初高中英语衔接教学现状

第一节　高一学生英语学习衔接情况调查

本书选取我校学生展开了实践调研。高一年级共16个班,每个班55人左右,共有两个实验班、6个特尖班和8个平行班。学校根据中考成绩和高一入学考试成绩对学生进行统一分班,因此同层次班级中的学生成绩相对较均衡,男女比例也几乎对等。

之所以选择高一学生进行调研,是因为高一第一学期的时候,学生刚好处于初中英语学习到高中英语学习的过渡阶段,对初中学习模式的印象还比较深刻,对初高中英语的区别又有了一定的了解,学习中存在的问题也能得到较为全面的体现,应该说是处于初高中英语衔接教学的"黄金时期"。

一、数据收集

我们于2020年12月底进行了数据收集,这时高中学生入校已经有近一学期的时间。我们提前与教师联系并对五位教师的课堂教学进行了观摩,设计了针对28名教师的教师问卷和针对5个班、293名学生的学生问卷。为了提高问卷结果的信度和效度,我们给参与调查的学生解释了问卷的目的,并引导他们耐心填写。问卷虽采用不记名形式,但参与学生被要求根据实际情况认真作答，学生填写时各班班主任均在现场，所以调查结果有一定的可信度。最后收集到学生有效问卷293份，来自154名男生和139名女生，其中初中在城区就读的学生有230人，在农村就读的学生有63人，学生问卷的有效率为100%。收集到教师有效问卷28份，均来自高一年级，教师问卷的有效率也为100%。

完成数据收集后，我们将纸质调查问卷所收集的数据一一导入问卷收集网站，利用网站数据处理平台导出Excel，再利用卡方检验对数据结果的相关性进行分析并最后得出结论。我们旨在通过调查获得真实的数据，为当前初中和高中英语教学方法的研究打下坚实的基础。

要保证数据的真实性和有效性，首先要保证问题的有效性。最重要的是，所有的问题都应该是可理解的，这样受试者就不会在问卷中遇到模棱两可的问题。而且，每一个问题都应与本书的研究目标和内容有密切关联，都应围绕初高中英语衔接教学这一主题而提出。此外，收集到数据的可行性应通过卡方检验等专业数据处理软件进行检验，还应保证获取数据的方法也是有效的。这些数据来源于我区重点高中的师生，与其他普通学校相比，学校的师生合作程度更高，这或多或少保证了研究结果的准确性和有效性。同时，所有参与的学生都是从不同层次的班级随机抽取的，以确保收集到的数据更具代表性。

我们还邀请了高一年级三个不同层次班级的部分学生进行了面谈，他们是来自实验班的两位同学、来自特尖班的两位同学和来自平行班的3位同学。同时，我们还访谈了4位来自不同年龄阶段的高一英语教师和3位初三英语教师。本次访谈以学生和教师的观点为主要内容，要求他们对初高中英语衔接教学的现状和存在的问题提出个人的看法。

以下是学生的访谈问题：

问题1：对比高中和初中，你对英语课的兴趣有何变化？

问题2:你适应高中第一学期的英语学习了吗?为了适应高中的英语学习,你在学习方法上是否有所改变?

问题3:在帮助学生适应高中英语教学方面,你对你的老师有什么建议?

教师访谈问题如下:

问题1:你觉得学生对英语课的兴趣如何?

问题2:与初中英语学习相比,学生的英语学习方法发生了哪些变化?

问题3:对于初高中英语教学的衔接,您有何建议?

通过访谈,我们客观地了解了在课堂教学中,教师的"教"和学生的"学"分别存在什么问题,可以在哪些方面进行改进,可以从哪些方面进行优化。同时,通过访谈师生并结合其他教师的课堂,分析其中的不足和有待改进的地方,对比自己的做法,反思自己的不足,也有利于我们提升自己今后的衔接教学。通过对不同师生的观察,我们了解了高中英语教学方法的现状,以及高中英语教师如何帮助学生适应英语教学方法。

二、情况调查结果

(一)学生认知方面

1. 英语学习兴趣的变化

基于前面所提及的元认知理论,高一学生在此阶段已经经过了初中三年的英语学习,对英语这门外语的特点、学习模式等已经有了一定的认识,而又经历了高一新学期的"洗礼",从最初的少年时期过渡到青少年时期,心理方面也有了进一步发展和完善,因而他们对英语学习会形成一种新的认知结构,尤其是对英语学习和英语衔接教学本身的态度及动机多少会有所改变。表2–1可以体现出部分情况。

表 2-1　初高中英语学习的兴趣

问题	选项	小计	比例/%
4. 初中时，你对英语学习(　　)。	A. 非常感兴趣	54	18.43
	B. 感兴趣	88	30.03
	C. 还好	131	44.71
	D. 厌恶	20	6.83
5. 高中时，你对英语学习(　　)。	A. 非常感兴趣	24	8.19
	B. 感兴趣	69	23.55
	C. 还好	176	60.07
	D. 厌恶	24	8.19

从表 2-1 可以看出，无论是对初中英语学习还是高中英语学习，选择“C. 还好”的学生都占相对较大的比例，而选择“感兴趣”或者“非常感兴趣”的都不算特别多。让人非常遗憾的是，初中时对英语学习表示“感兴趣”和“非常感兴趣”的学生加起来还占 48.46%，略多于选择“还好”的人数，但是到高中时，A、B 两项选择的比例加起来锐减到了 31.74%，远远低于 C 选项的 60.07%，相比对初中感兴趣的人减少了 16.72%，对英语学习表示厌恶态度的学生甚至从初中的 6.83% 增加到了 8.19%。虽然之前就有人提过到了高中，学生对英语学科的兴趣很可能会减少，但没想到减少的幅度这么大。造成这样的局面有很多因素，其中一个原因就是高中阶段英语学习本身的一大特点：需要大量背诵和默写。同时，因为教学任务重、时间紧，课堂上不会像初中课堂那么轻松愉快，相比而言可能会更显枯燥，所以学生难免会觉得乏味，逐渐失去学习兴趣。

得知学生从初中到高中，英语学习的兴趣整体有明显下降，我们又将问卷中问题 4 和问题 5 的选项分别进行了对比，以找出学生对英语学科兴趣的具体变化情况，结果如表 2-2 所示。兴趣对于学习来说是极其重要的元素，对事物产生兴趣是一种非常积极的情感态度，因此我们将学生对英语学习的兴趣变化分为了“积极”“中立”和“消极”三个层次。结果发现，从初中到高中，对英语学习越来越感兴趣的学生相较而言是最少的，超过三分之一的学生对英语学习不如以前感兴趣。而兴趣是学习最好的动机，失去这种学习动机的原因有很多，其中很大的一个原因就是学生的应试心理，如表2-3所示。

表2-2　初高中英语学习的兴趣变化

种类	选项变化	小计	总计	比例/%
积极	非常感兴趣—非常感兴趣	14	85	29.01
	感兴趣—非常感兴趣	8		
	感兴趣—感兴趣	38		
	还好—非常感兴趣	2		
	还好—感兴趣	13		
	厌恶—非常感兴趣	0		
	厌恶—感兴趣	1		
	厌恶—还好	9		
中立	还好—还好	108	108	36.86
消极	非常感兴趣—感兴趣	17	100	34.13
	非常感兴趣—还好	20		
	非常感兴趣—厌恶	3		
	感兴趣—还好	39		
	感兴趣—厌恶	3		
	还好—厌恶	8		
	厌恶—厌恶	10		

表2–3　学生高中时期学习英语的目的

问题	选项	小计	比例/%
3. 你学习英语的目的是(　)。	A. 充分阅读	44	15.02
	B. 工作相关	21	7.17
	C. 通过考试	215	73.38
	D. 出国需求	13	4.44

从表2–3可以看出，73.38%的学生认为学习英语就是为了通过考试，这占了不小的比例。以应试为目的时，学生学习的动机是工具型动机。工具型动机的特点是无持久性，一旦学生认为工具的目的已达到，动机就会立即消失。尤其是学生刚经历了中考，初三的学生有着考高中这一明确目标，初三这一年的高强度磨炼让学生保持较强的学习动机，最终在中考时取得不错的学习成绩。但到了高一，学习目的不如之前那么明确，学生有可能日趋懒散，成绩就会不稳定，而那些本身基础就比较差的学生的情况可能更糟糕。所以，学生学英语如果仅仅是为了每次考试得到理想的分数，那么他们也许会花一定的精力去实现这个目的，但是一旦达到这个分数后，他们就会减少之前的投入，不会对这门学科保持持久的学习热情，后面的学习效果也会大打折扣。

2. 对初高中英语衔接教育的态度

表2–4所示为学生对初高中英语衔接教育的态度。

表2–4　学生对初高中英语衔接教育的态度

问题	选项	小计	比例/%
27. 你认为初高中英语需要衔接教育吗？	A. 非常需要	60	20.48
	B. 需要	131	44.71
	C. 很少需要	49	16.72
	D. 不需要	53	18.09
19. 你认为高中教师应如何对待初中所学的重点知识？	A. 先复习，再讲新知识	144	49.15
	B. 直接讲新知识	44	15.02
	C. 让学生自己巩固	105	35.84

从表2-4可见，20.48%的学生认为初高中英语衔接教育非常需要，多达44.71%的学生认为需要进行衔接教育，剩下16.72%和18.09%的学生分别认为很少需要和不需要，由此可见，绝大部分学生对初高中英语衔接教育的必要性持积极态度。这是一个相对较好的局面，说明尽管许多学生对英语学科到了高中不如初中时期感兴趣，但仍有很多学生愿意去尝试这种衔接教育的模式来适应高中英语学习。而且只有15.02%的学生觉得老师可以直接讲新知识不用进行衔接复习，剩下的学生都是要么一起复习，要么自己进行复习巩固。

以上数据说明，相当多学生认知上还是觉得初中到高中应该有一个知识的衔接过程，在学习新知识前应有时间去复习已学知识。当然，这种情况也是可以预测到的。随着年龄的增长，学生的批判性思维会有所加强，因而其认知成熟度会有所提升，所以他们会更倾向于接受各种解决问题的方法。这刚好也是批判性思维的七个维度之一，与前人的研究成果也是相契合的。在学生群体当中，初高中英语衔接教育的必要性是越来越受到重视和关注的。

（二）基础知识方面

既然有很多学生对高中英语学习不如对初中英语学习感兴趣，说明他们在心理上对高中英语学习还是不够适应的。不适应的原因有很多。为了探索初中英语基础对学生适应高中英语的影响，我们将问题3"中考英语分数"和问题20"你目前对高中英语学习的适应程度"进行了卡方检验相关性分析，得出以下结论：由卡方检验看出，皮尔森（Pearson）的sig.值为0.00，远远小于临界值0.05，说明两者有显著相关性。由此可见，初中英语基础对学生适应高中英语学习的影响还是很大的。从本样本中来看，这确实是明显存在的事实。

（三）知识技能方面

课程标准反复强调培养学生的听、说、读、看、写等知识技能，于是我们分别调查了学生在初中学习和高中学习中对这些技能的重视程度和使用的单词记忆方式。

1. 对各知识技能的重视程度

表2-5所示为学生对初高中英语重视的知识技能对比。

表2-5　初高中英语重视的知识技能对比(多选)

	6. 初中学习中,你更注重(　)。		7. 高中学习中,你更注重(　)。	
选项	小计	比例/%	小计	比例/%
语法	136	46.42	61	20.82
听力	45	15.36	70	23.89
阅读	123	41.98	170	58.02
口语	58	19.80	29	9.90
词汇	143	48.81	136	46.42
写作	37	12.63	91	31.06

我们发现,到了高中阶段,学生明显弱化了对语法的重视程度,从前面的46.42%减少到了20.82%,同时明显增加了对阅读的关注度,从41.98%增加到58.02%。这是我们所能预料到的,因为这很大一部分原因是与中高考英语试卷的模式差异有关。我们所研究的这所中学,学生中考时基本上都是考的重庆A卷,里面考查的很多题目都是基础性的题,侧重于语法,而新高考采用的是山东卷的模式,里面很少直接考查基础性的语法题,而是以阅读篇章的形式综合考查学生的能力,如今增加的读后续写或概要性写作也是基于对文段的理解来撰写文章。这无疑给了学生一个信号:新高考侧重考查学生的阅读理解能力。与此同时,另外一个明显的数据表明,学生到了高中阶段也更加重视写作能力,他们对写作板块的关注度从12.63%增加到了31.06%。这也跟前文提到的新高考有关。高中以前的考试基本上都只写一个小作文,2021年之前重庆考的全国Ⅱ卷也只有一个作文,如今变成了一篇应用文和一篇续写,明显在考试中提高了

写作的地位。还有就是听力板块，占比从15.36%增加到了23.89%，说明学生越来越重视听力技能的提升。他们明显感受到了初中和高中在听力训练及考查方面的差异。初中听力往往是一些简单的小对话，语速较慢，而且考试答案设置得很直白，几乎是听到什么选什么；高中听力除了语速增加和语句变长以外，考试答案也设置得更具干扰性，需要学生基于整个语境，听懂和理解了文本才能做出选择。

另外，学生对口语的重视程度弱化了不少，占比从19.80%变成了9.90%。英语本身是一门交际性语言，就是需要多说多用，才能真正发挥出它的价值，但在教与学的阶段，口语却不怎么被重视，这是一个很值得我们反思的现象。这说明在学校学习的过程中，学生开口说英语的机会很少，尤其是在课堂上。初中课堂上听说活动可能还比较多，到了高中，随着教学任务的增加，师生都会弱化听说板块。这使得整个课堂变得不够活跃，久而久之学生也不爱开口说，变成了学“哑巴英语”，学生也慢慢失去了英语学习的原动力，最终形成一个恶性循环。这跟教育体制有着不可分割的关系，毕竟日常考试不会考口语，就算高考有口试环节，但对于非语言类专业的学生来说影响也不算太大，所以也就降低了口语被重视的可能性。学生宁愿花更多的时间去应付考试中读写部分的考查，也不愿多花时间去大声朗读、模仿。

问卷结果还显示，无论是初中还是高中时期，词汇都一如既往地占了很大比例，初高中变化也不大，分别是48.81%和46.42%。这说明绝大部分学生都能把词汇学习作为学习的一个重点去看待。词汇是构成语言的三大要素之一，任何一种语言的学习都必须从词汇入手，学生对词汇的掌握情况直接影响到学生的英语水平和考试成绩。词汇的掌握技巧也是非常值得关注的一个问题，中学英语需要掌握的词汇量本来就很大，到了高中学习任务更重，所以我们接下来看一下学生是如何记忆单词的。

2. 初高中英语单词记忆方法对比

表2-6所示为初高中英语单词记忆方法对比。

表2-6　初高中英语单词记忆方法对比(多选)

	8. 初中学习中,你如何记忆单词?		9. 高中学习中,你如何记忆单词?	
选项	小计	比例/%	小计	比例/%
字母顺序记忆	103	35.15	69	23.55
音标辅助记忆	204	69.62	230	78.50
对比记忆	42	14.33	47	16.04
总结归纳	35	11.95	39	13.31
构词法	69	23.55	82	27.99

从表2-6可以看出,无论是初中还是高中阶段,都分别有35.15%和23.55%的学生采用机械、低效的方式记忆单词。根据字母顺序记忆单词是最容易遗忘的,也是很多教师都不提倡的,但依然存在不小比例的学生采用这种方式记忆单词,说明学生根本没有掌握英语学习中单词记忆的方法,甚至不知道有哪些记忆方法。学生以这种费时费力的方式每天记单词,时间久了难免会产生厌烦情绪和懈怠心理。不过,69.62%的学生在初中时知道结合单词的读音去记单词,这个方法是科学且行之有效的。到了高中阶段,也许经历了初中三年的学习和高一教师的教导,采用字母顺序机械记忆的人数明显减少,而采用音标辅助记忆的人数略有增加,达到78.50%,这几乎成了中学阶段单词记忆的主流方式。

在记忆单词时,学生还应该清楚,英语词汇是分成不同类别、不同层次的,针对词的不同特点去区别对待,做到心中有数、有的放矢,选择多元的词汇记忆方法,才能提高单词记忆的效率。然而,无论在初中时期还是到了高中,选择对比记忆、总结归纳和构词法这三种高效的单词记忆方法的学生都相对较少,说明很多学生到了高中阶段依然沿用了初中的学习技巧,没有对知识技能进行更新,缺乏创新能力。也许教师在课堂上介绍过这三种高效的单词记忆方法,但学生没有真正将其运用到实践中。

(四)学习习惯和策略方面

1. 学习习惯调查

学生英语学习习惯的好坏可以直接显示出学生对高中英语学习的适应情况,同时也可以反映出学生在高中英语学习中存在的问题。

表 2–7　英语学习习惯

问题	选项	小计	比例/%
22. 你有预习的习惯吗?	A. 每天预习	2	0.68
	B. 有时预习	106	36.18
	C. 很少	110	37.54
	D. 从不	75	25.60
23. 高中英语作业的完成情况。	A. 按要求认真完成	81	27.65
	B. 大部分独立完成	165	56.31
	C. 小部分独立完成	29	9.90
	D. 习惯性抄答案	18	6.14
25. 除上课外,你的英语学习时间有(　)。	A. 零小时	35	11.95
	B. 少于 1 小时	181	61.77
	C. 1 ~ 2 小时	69	23.55
	D. 2 小时以上	8	2.73
26. 你上课记笔记的习惯是(　)。	A. 认真记录老师的话	49	16.72
	B. 只记老师强调的内容	182	62.12
	C. 偶尔记	50	17.06
	D. 从不记	12	4.10

从表 2–7 可以看出,在课前预习方面,仅有 0.68% 的学生能够做到每天都预习,36.18% 的学生有时预习,37.54% 的学生很少预习,还有多达 25.60% 的学生从不预习。在中学英语学习中采用预习的学习方式有助于促进学生进行英语

读写练习，因此，如果想要更加高效地学好英语，养成持之以恒的预习习惯是非常有必要的，从初中开始就应该落实。这一点无论在初中还是高中阶段都是值得提倡的。作业完成情况方面，27.65% 的学生能够按照教师的要求认真完成，56.31% 的学生能做到大部分独立完成，但仍有 9.90% 和 6.14% 的学生很少独立完成或者总是习惯性抄答案。作业的完成情况将会直接影响到学生的英语学习成绩，这一点刚好如卡方检验所示：皮尔森（Pearson）的 sig. 值为 0.00，小于 0.05，表示两者有明显相关性。

同时，由表 2-7 可知，除了上课以外，有 11.95% 的学生从不额外花时间学习英语，61.77% 的学生会花少于 1 小时的时间学习英语，23.55% 的学生会学 1 ~ 2 小时，而仅仅 2.73% 的学生会花 2 小时以上学习英语。在这里，我们并不是强调每天在英语科目上所花的时间越多越好，毕竟学生还有很多其他科目需要学习。对于每天学生应该花多少时间学习英语，也没有专家学者有明确的界限说明，毕竟学生的个体差异会导致学习效率参差不齐，所以每个学生应该花费的时间也是不尽相同的。但由此还是可以窥视到学生对英语学科的重视程度，绝大部分学生会花少于 1 小时的课余时间去学习英语，甚至有 23.55% 的学生会花 1 ~ 2 小时，对于英语教师来说还是倍感欣慰的。但是对于那 11.95% 的从不额外花时间学英语的学生来说，教师还是要引起足够的关注和督促，如果只局限于课堂上 40 分钟左右的时间去学习，课后不去巩固消化，那么学习效果肯定是不会太理想的。

最后就是关于记笔记的习惯。学生在英语课堂中应尽量融入课堂，积极思考，适时将课堂内容的重难点、解题思路等提纲要领记录下来，切忌顾此失彼，也不能照单全收。由表 2-7 可知，16.72% 的学生会将教师说的每一句话都记下来，这其实是不可取的，因为这样的话学生往往会将精力放在机械地记笔记上面，而忽略了课堂的参与，导致听课效率降低，会觉得上课就是来记笔记的，慢慢地就容易产生厌烦情绪，失去听课的兴趣。而 62.12% 的学生选择记下教师强调的内容，这是一个较好的方面，说明这部分学生有自己的批判性思维，筛选更加重要的信息去记录，有意识地听取有价值的信息。这样的听课效率是相对较高的，学生在课堂上的参与度也会有所提升。还有17.06%和4.10%的学生偶尔或者从不记笔记，这又显得太过极端了。英语本身就是文字性的学科，需要大量的词汇等方面的积累才能提高语言水平，而课堂笔记就是获取这些知识的重要途径之一。俗话说"好记性不如烂笔头"，光靠课堂听讲的瞬时记忆是很难将大量英语知识点记清楚的，而且也很不便于课后的复习和巩固。

2. 学习策略调查

影响学生英语学习的因素除了学习习惯，还有就是学习策略，尤其是针对初中和高中两种不同阶段的策略性差异。很多时候这些策略除了从书本中获取，就是来自教师的直接教授。于是，我们研究了在学生眼里，初中和高中教师分别对英语学习策略的讲授情况（见表2-8）。

表2-8　初高中英语教师学习策略指导

问题	选项	小计	比例/%
17. 你的初三老师（　）学习策略。	A. 专门讲过	80	27.30
	B. 偶尔提到	163	55.63
	C. 从未提到	50	17.06
18. 你的高中老师是否提供学法指导？	A. 经常	83	28.33
	B. 偶尔	153	52.22
	C. 从不	57	19.45

从表2-8可以看出，在学生眼里，初中和高中英语教师对学习策略的指导都差不多，都是近一半的人只是偶尔指导过，不到30%的人专门指导过学生学习策略，甚至还有少量教师从未指导过学生。当然这是从学生的角度来调研的，而对于教师的研究会在后文进一步阐述。但无论是因为教师确实如此还是学生没有认真听取，都反映出一个问题，即学生英语学习方法和策略上有所欠缺。于是我们又统计了学生初高中英语学习策略的变化情况（见表2-9）。

表2-9　学生初高中英语学习策略的变化

问题	选项	小计	比例/%
12. 作为高中生，你的学习策略相比初中而言有何变化?	A. 完全一致	15	5.12
	B. 不完全一致	165	56.31
	C. 全新的学习方法	56	19.11
	D. 没有学习方法	57	19.45

从表2-9可以看出，超过一半的学生的学习策略和初中相比有了一定的改变，19.11%的学生完全采用了新的学习方法，这说明大部分学生对于初高中英语学习策略的变化还是有意识的，没有完全照搬以前的学习方法。无论他们的学习方法好不好，至少他们愿意做出改变来适应新的学习征程，他们所欠缺的可能只是适宜不同阶段的学习策略的有效指导。值得关注的是，19.45%的学生完全没有学习方法，他们的整个初高中英语学习完全是一片茫然。

第二节　初高中英语教师教学衔接情况调查

对高一学生衔接阶段进行调查研究之后，我们对高一学生的学习现状有了一定的了解，发现学生群体中存在较多问题。所谓教学相长，为了进一步深入了解和研究初高中英语衔接教学中存在的各种问题，我们又对实施衔接教学的英语教师进行了问卷调查，得到了28份来自初中和高中英语教师的有效反馈，同时还对7位初高中英语教师进行了调研，以下为调查结果。

一、教师认知方面

1. 对英语教学的态度

表2-10所示为教师对英语教学的看法。

表2-10　教师对英语教学的看法

问题	选项	小计	比例/%
1. 您的教学目标是(　)。	A. 完成新课标的阶段目标	18	64.29
	B. 完成教学进度	6	21.43
	C. 学生取得好成绩	4	14.29
16. 新课程背景下，您的教学目的是(　)。	A. 提高学生的英语交际能力	10	35.71
	B. 提高学生的考试成绩	2	7.14
	C. 让学生掌握扎实的语言基础知识	16	57.14

教学目标的确定是成功开展英语教学的先决条件。《普通高中英语课程标准(实验)》明确提出英语课程的教学目的是“使学生获得基本的英语语言能力，形成积极向上的学习态度、灵活多样的学习策略及跨文化交际的意识和能力，为终身学习奠定基础”。教学的目的应该是以新课程标准为准则去实施一定的阶段性目标，从表2-10可以看出，64.29%的教师选择了这个选项，但仍有21.43%的教师的教学目的是完成教学进度，还有14.29%的教师是为了让学生取得好成绩。这样的教学目的就决定了教师的教学态度和行为，使得英语教学更倾向于应试教育，而应试教育的弊端就包括学生失去对该学科的学习兴趣和热情，进而难以适应高中新阶段的学习模式。值得肯定的是，有相当多的教师在第二个问题中表示他们的教学目的是试图让学生获得英语交际能力和掌握

扎实的语言基础知识，这与英语课程标准提出的准则是一致的。仅有7.14%的教师选择了只在乎学生的考试成绩。实际上这两个问题所表达的观点是一致的，但两个问题所收集到的数据有一定差异，说明部分教师日常教学工作中的英语教学目标和实施行为是不匹配的，对整个教学规划是茫然的，甚至说根本没有目标可言。在教学过程中存在这样的问题，英语教学工作者对初高中阶段的衔接教学又会持什么态度呢？

2. 对英语衔接教学的态度

表2-11反映了教师对英语衔接教学的态度。

表2-11 教师对英语衔接教学的态度

问题	选项	小计	比例/%
17. 您对于初高中衔接教学的重视程度？	A. 从未注意	0	0
	B. 极少注意	1	3.57
	C. 很少注意	4	14.29
	D. 有时注意	13	46.43
	E. 非常注意	10	35.71

从表2-11可以看出，初高中英语教师对衔接教学有不同程度的重视，没有人选择"从未注意"，有近一半的教师选择了"有时注意"，35.71%的教师表示"非常注意"，仅有17.86%的教师"很少注意"或"极少注意"。这一点与前面对学生的问卷调查表（见表2-8）的数据结果基本一致。这说明初高中英语的衔接教学无论是在学生群体还是教师群体都是备受关注的，很多教师在课堂教学中都会有意识地穿插衔接教学的知识，主动帮助学生适应这样一个过渡阶段。不同的教师可能在教学过程中关注不同知识板块的衔接，于是我们又就这个问题进行了调研（见表2-12）。

表2–12　教师对各知识板块衔接的关注(多选)

问题	选项	小计	比例/%
18.您通常在哪些环节关注初高中衔接?	A. 听力	4	14.29
	B. 写作	10	35.71
	C. 翻译	10	35.71
	D. 单词	20	71.43
	E. 语法	26	92.86
	F. 口语	4	14.29
	G. 阅读	14	50.00

由表2–12可见,备受关注的两个板块分别是语法和单词,超过2/3的教师都认为这两个板块的衔接非常重要。于是,我们又将此表与前面学生问卷调查中的表2–6进行了比较,发现教师和学生对词汇方面的重视程度基本是一致的,说明有可能英语教师是根据学生的需求对词汇衔接教学进行了调整,给予了额外的关注。但是表2–6显示学生还特别关注高中阅读板块的衔接问题,而英语教师则更多地选择了语法板块,这两个方面的师生关注度不太一致,这很值得英语教师反思。

于是我们进行了个案访谈,发现在日常教学中,词汇和语法的确是最基本的两个板块。没有词汇和语法的支撑,学生很难在篇章中去阅读理解文段,所以教师方面更看重基础的巩固衔接。然而,学生在高中阶段的直观感受就是考试中很少直接考机械死板的语法题,学生就自然而然地弱化了对语法的重视,倾向于迅速提升英语成绩的阅读板块。事实上我们却发现,有很多在考试中能够拿到120～130分的高中学生,他们的词汇量比较丰富,而且掌握了一定的阅读技能,但是如果让他们分析某个句子的句子成分,他们却说不出来。所以一旦涉及较难的语法填空题,这些学生就是靠猜,或者按照平时做题的习惯乱填,不会真正静下心来分析句子结构和语法成分。这些学生的英语基础是很不牢固的，通常的结果就是他们在前面的阅读板块能够拿到高分，在后面的写作板块却出现较多问题，例如作文中语法问题频出等，因而写作拿不到高分。

二、教学常规方面

从表2-13可以看出，大多数教师在备课、上课时考虑的主要因素是教学内容，21.43%的教师会考虑学生情况，仅7.14%的教师会考虑教学方法，而没有人将教学条件作为主要考虑因素。当然，我们所在的中学的教学条件应该是没有问题的，但更多的教师将重点放在教学内容而不是学生情况上，这一点跟前面他们的教学目的其实是一致的。有学者提出，充分了解学生比备课更重要。每一次上课之前，都应该首先思考学生的起点是怎样的。如果不充分考虑学生的实际水平，没有从学生的角度去备课，就可能导致“揠苗助长”的现象。

因此，在日常备课和上课时，教师应充分考虑教学对象的特点，掌握学生的基本情况，并据此调整自己的教学内容。同时，教师也要注重教学方法，根据学生的实际情况选择最适合学生的方法来授课，这样才能事半功倍地达到教学目的。教师过分关注课堂内容的问题，在学生问卷中就有体现，如表2-14所示，48.12%的学生都认为英语课堂存在的主要问题是课堂容量过大，其次是课堂气氛不活跃。

表2-13　英语教师教学常规

问题	选项	小计	比例/%
20. 备课与上课时您主要考虑的因素是（　）。	A. 学生情况	6	21.43
	B. 教学内容	20	71.43
	C. 教学方法	2	7.14
	D. 教学条件	0	0

续表

问题	选项	小计	比例/%
12.关于预习方式，您给学生的指导建议是(　)。	A. 浏览新课	12	42.86
	B. 精读新课	2	7.14
	C. 精读并找出难点	6	21.43
	D. 精读后完成练习	8	28.57

表2-14　学生认为英语教师课堂存在的问题

问题	选项	小计	比例/%
15.您认为当前高中英语教学主要存在的问题是(　)。	A. 教学难度过大	33	11.26
	B. 课程内容过多	141	48.12
	C. 课堂氛围不活跃	68	23.21
	D. 教学重难点不突出	51	17.41

前文曾对学生的预习情况进行了调研，并强调了预习的重要性。从表2-14可以看出，42.86%的教师指导学生预习仅仅只是浏览新课的内容，只有28.57%的教师要求学生精读课文后完成练习。高一学生刚从初中时期过来，大部分学生在初中的时候自觉性不强，需要教师随时督促才能去认真学习，升入高一也基本如此。所以，如果仅仅口头上让他们去浏览课文，实际的预习效果肯定不会很好，达不到提前预习的目的。而让学生带着任务去进行课文预习，其效果肯定比前者更好。

三、教学策略方面

我们先向英语教师询问了学生英语学习不好的原因。调查结果显示，42.86%的教师认为是学习兴趣的问题，认为是学习方法问题和基础不好导致学生英语学习不好的教师各占28.57%，没有教师认为是智力问题。可以看出，较多教师能够感受到学生到高中后对英语科目的兴趣明显下降,这点与前面对学生的调查结果是相符的。当然,还是有很大一部分教师认为是学习方法和基础的问题,而学习方法中很重要的一点就是学生的自主学习能力和方法。自学能力是提高学习效率的重要学习因素,激发学生的学习兴趣、培养适合学生的自主学习能力和学习方法在高中教学实践中是非常必要和可行的。因此,我们又询问了另一个问题:"您是否在课堂教学中穿插并强调自主学习的方法?"表2-15显示,64.29%的教师有时在课堂上穿插并强调自主学习的方法,仅有35.71%的教师经常会穿插并强调。结合学生调查问卷中对学习方法的反馈,我们可以看出教师对学生自主学习方法的指导还不够。学生遇到问题时,57.14%的教师选择让学生查字典。勤于翻看字典对于英语学习来说确实是一个非常好的习惯,这说明很多教师还是在有意识地培养学生这方面的习惯。还有35.71%的教师让学生遇到困难后直接问老师,7.14%的教师选择让学生问同学,没有教师选择让学生求助于网络。

表2-15　英语教师教学策略

问题	选项	小计	比例/%
10.您认为学生学不好英语的主要原因是(　)。	A.智力问题	0	0
	B.兴趣问题	12	42.86
	C.方法问题	8	28.57
	D.基础问题	8	28.57
11.针对学生的个体差异,您采用的教学手段(　)。	A.灵活多变	14	5.00
	B.经常变化	4	14.29
	C.偶尔变化	10	35.71
	D.没有变化	0	0
13.当学生遇到困难时,您通常要求他们向(　)求助。	A.字典	16	57.14
	B.网络	0	0
	C.同学	2	7.14
	D.老师	10	35.71

续表

问题	选项	小计	比例/%
14.您是否在课堂教学中穿插并强调自主学习的方法?	A.有时	18	64.29
	B.经常	10	35.71
	C.从不	0	0

值得肯定的是,在表2-15显示的结果中,针对学生的个体差异,有一半的英语教师表示会灵活变化自己的教学手段,但同时超过三分之一的教师仅是偶尔改变教学方法。

第三节　关于优化初高中英语衔接教学的实践与思考

初中和高中是两个截然不同的教育阶段,初中是学习基础知识以及巩固所学知识的阶段,而高中是加深知识以及开展拓展性学习的阶段,这是根据人的发展规律而进行的科学制订。从初中英语学习进入到高中英语学习,教学内容深化,教学环境变化,教学节奏改变,存在一个明显的过渡阶段,学生通常会产生不适应。如果教师不加以重视,学生也无法及时调整,就会出现学生跟不上教学节奏、无法适应新教学环境、学习进度变慢等情况,学生所能掌握的知识变得极为有限,学生的整体学习受到影响,学生的发展也受到负面影响。因此,优化初高中英语衔接教学,既是促进英语整体教学的要求,也是保证学生学习稳定性的重要举措。初高中英语衔接教学现状较为不理想,主要原因是教师通常根据教材开展教学,而不会根据学生的学习状况、学习进度、知识储备情况等而进行调整,导致学生之间的差异愈发显著。同时,学生无法在短时间内适应新的教学方式、教学节奏和学习压力,容易受到较大的刺激,进而导致学生对英语学习的兴趣急剧弱化。要改变这一局面,我们需要针对这些造成衔接不顺畅的因素进行深入探究,进而确定实现衔接优化的具体措施,并且加以实践。这是一个复杂的课题。接下来，我们先从课题准备、课题内容、课题目的等方面入手，明确课题的价值，再深入分析初高中英语衔接教学实现优化的难点以及对应的解决措施。

一、优化初高中英语衔接教学课题浅析

优化初高中英语衔接教学课题的提出环境是2003年教育部发布高中各学科课程标准，重庆市北碚区就此开始进行课改实验，并于2007年开始深化课程改革，明确高中英语课程的主要目标就是提升学生的英语综合素养，培养发展学生的核心素养。这一课题提出的主要意义在于影响高中英语的教学质量。高中学生英语综合素养的基础是初中英语学习，最为关键的时期就是初中和高中过渡的阶段。这一阶段的衔接优化能够推动高中英语教学的进一步发展，能够有效提升学生英语学科核心素养的培养和发展，同时有利于培养学习兴趣、培育学科人才。这一课题的主要研究对象为初三下期学生、初升高假期学生和高一上期学生。这三个阶段是从初中过渡到高中的三个时期，所以这三个阶段的学生最具有代表性。课题的主要研究内容为课程标准内容、教学方法、测试方式等层面的差异，衔接的实际问题，以及学生的状态等。课题的主要研究方式是资料查阅引用方式、调查法、对比分析法以及统计方式，其中调查法主要采用问卷形式以及对话形式，来多角度、多方面、多层次地了解每个阶段的学生状态、教学状态、学习状态等。这些研究方式所留下的资料、数据和信息能够为课题的研究提供强有力的依据和支持。课题的研究目的是探究初高中英语衔接教学的现状和衔接实现优化的主要难点，以及根据实际的调查、实际的教学状况及教学基础来确定行之有效的优化措施，实现优化，让课题发挥实际作用。

二、初高中英语衔接教学优化难点

从初中英语到高中英语，实现教学合理衔接和学习有效衔接的主要阻碍之一是教学内容的巨大差异。以重庆市为例，初中阶段，义务教育课程标准的实际词汇数量为1 600个左右，需要掌握或常用的词汇为1 400个左右，并且大部分词汇极为基础，使用频率大，容易记住，掌握的难度较小，同时词汇之间具备一定的关联性，课程压力相对较小，学习时间也较为充裕，学生即使是通过死记硬背的方式也能够记住大部分词汇。到了高中阶段，需要掌握的词汇数量大幅提升，整个初中需要掌握的词汇量，只相当于高中课程标准中约一年需要掌握的词汇量，甚至更少。同时，词汇之间的关联性减少，词汇的复杂程度以及长度逐渐增加，抽象属性的词汇出现的概率也有所增加，并且初高中考核的形式也大不相同，学生的学习难度进一步增加。语法难度的增加也使英语学习的难度骤然上升，高中的语法愈发复杂，弄懂和掌握各类语法的难度也逐步提升。教学要求方面，初中英语学习对学生的读、说、听的要求相对较低，学生掌握的稳固性相对较弱，而高中英语学习对学生的听、读、说、写、看的能力的要求都有较大提升。学生初入这一迥然不同的学习环境，加之学习难度也增大较多，学生自然感到吃力，学习进度无法得到有效保证。同时，在这种高压的学习环境中，学生也容易出现厌恶心理、抵触心理及畏难情绪，学习兴趣进一步弱化。此外，学生的来源不同，掌握的知识体系、适应的学习方法、形成的学习习惯都各不相同，对环境的适应能力和抗压能力也大不相同，一旦出现衔接处理不当，就容易造成两极分化的后果。初中学生通常较为依赖教师，需要教师引导和带领才能进行学习，缺乏自主性和独立性，而高中教学的主要模式是给予学生足够的自学空间、思考空间和学习空间。如果学生不能在短时间内改变学习习惯以及学习模式，学习的难度会进一步提升，在此过程中学生更容易感受到挫折，学生的英语学习也会受到不良影响。

三、初高中英语衔接教学优化对策

1. 教师指导沟通

实现初中与高中英语教学的完美衔接,不单单是高中教师的职责,与初中教师也有较大的关联,其中最为主要的引导者和指导者就是初三教师和高一教师。初三教师需要帮助学生逐步脱离初中相对轻松的教学和学习环境,脱离过分依赖教师、依赖教材的心理,并且分析高中的学习状态、教学状态和教学要求等,并逐步调整教学方式、教学节奏以及教学重点,强化学生的听、说、读、写等综合能力,进一步强化学生的基础知识以及学生对知识的应用能力,让学生适应学习任务逐步增加的高中学习状态。高一教师需要对学生进行观察和测试,确定学生的大致情况,进行针对性的指导,让学生初步了解高中英语学习的要求、难点以及重点,做好一定的心理准备,明确接下来的学习方向,并且引导学生形成良好的学习习惯,例如整理错题集、养成良好的归纳总结的习惯、沿用适合自己的学习方法、做好复习和预习等,让学生能够更为快速地适应高中的学习环境。同时,高中教师还可以通过设立一定的交流平台,或者给出足够的交流时间,来为学生答疑解惑,让学生及时提升自我、优化自我,稳步提升英语综合能力。

2. 以初中知识为切入点

高中知识是在初中知识的基础上进行深化和多样化,因此,为保证初中英语教学与高中英语教学的衔接的正常进行,较为合适的方式是以初中知识为基础,引出高中知识,让学生能够更为快速地理解、接受以及掌握新学知识。这样能够帮助学生巩固基础,让大多数学生尽可能地站在同一起跑线上,确保大多数学生都能跟上教学节奏,从而帮助学生逐步提升自我、增加自信心,产生较强的学习动力和形成良好的学习氛围,同时教学压力与学习压力都相应减小,这对后续的教学开展也较为有利。

以高中英语知识中die这一单词的教学为例进行分析。教师可以初中所学的单词death作为引入，通过让学生回忆death的意思、词性、用法等，让学生分析death的词性转变，进而引出death词性转变之后形成的die，这样学生就能够深刻记忆die的词性和含义，并且能够将知识点联系起来，日积月累，逐步构建一张庞大、系统、科学的英语词汇网。这对于英语的后续学习极为有利，同时也能够推动学生的英语综合能力的提升。在学习高中英语知识中的disagree with这一短语时，教师可通过引入初中知识中的短语agree with展开教学，让学生清楚这一短语的意思、用法和使用语境，同时让学生根据自己所学的知识推断出与这一短语意思相反的短语。这样能够加深学生对这一知识点的记忆深度、理解深度和掌握深度，对于让学生形成良好的关联性学习也有一定的促进作用。需要注意的是，以初中知识为切入点展开教学，也需要根据知识形式、知识内容的不同而采取不同的教学引导方式。

3. 强化培养听说能力

高一教师需要清晰地认识到学生听英语和说英语的能力普遍偏弱，因此，教师需要针对这一点优化教学方法。在听力练习中，教师需要教给学生一定的听力技巧，让学生逐步而又快速地适应高中的听力形式，能够在短时间内大致听懂一段话的主要内容，从而使学生建立英语学习的自信心，有继续强化自身听力的动力。在此基础上，教师再逐步细化听力能力的要求，例如要求听出特定词汇出现的次数或复述听力内容等，让学生能够有一个明确的提升过程。针对说英语的能力，教师需要让学生掌握基本的发音技巧，例如连读、重音、失去爆破、弱读等，让学生的发音更为标准、更为清晰，慢慢说出标准、优美的英语。学生在尝到成功的喜悦后，就会产生说英语的欲望，从而积极进行口语练习。这对于学生说英语能力的提升有很大的帮助。教师可以根据学生的能力逐渐提高难度，定期安排听和说的任务，让学生英语综合能力得到稳步提升，从而使学生的学习质量和教师的教学质量也得到提升。

初高中英语衔接教学优化，既能够保证初中英语教学效果的体现，也能够保证高中英语教学质量的稳定提升，优化英语教学的结构，同时还能够保证英语人才的不断提供和英语相关产业以及行业的蓬勃发展。[7]

第四节　初高中英语衔接教学现状总结与问题分析

一、教学现状

首先，教师和学生在思想上对于初高中英语衔接教学都很重视。无论从学生的问卷调查还是教师的问卷调查来看，大部分人都很重视初高中英语的衔接问题。只有从思想上关注这个问题，研究对象才有可能付诸行动，采取措施来改变和完善。虽然目前国内很多初高中学校还没有形成对初高中英语进行衔接教学的固有体系，但已经有教师提出了这方面的问题和实施的必要性。教育一线工作者是直接实施衔接教学的人员，如果他们从心理上接受这件事，就会想办法集思广益去探索解决途径，在日常教学工作中也会有目的性地去指导和教育学生。而学生作为被教育者，如果他们重视初高中英语衔接教学，那么他们对学校和教师在这方面采取的一系列举措就不会被动接受甚至反感，是不抵触甚至愿意主动配合。师生双方都明白衔接教学的必要性和重要性，这无疑为师生开展有效的衔接教学活动提供了先决条件，有利于衔接教学优化的顺利进行。

其次，教师和学生对初高中英语教学的差异已有大体上的认识。我们调研了师生对初高中英语各知识板块的差异性，发现就学生而言，随着他们元认知能力的发展和批判性思维的提升，很多学生都能够意识到初高中英语学习的差异，甚至可以精确到各知识板块的差异，比如词汇增加、阅读文本变难、听力更注重语境的理解、语法更深更复杂等。在有了这些差异性认识之后，学生才有了更明确的学习方向，知道应该从哪些方面去改变，在高中英语学习中遇到问题时也不会不知所措。而对于教师来说,清楚明白地了解初高中英语教学体系中各知识板块的差异之后,才能更准确地选择有效的教学方法,调节自己的教学策略去适应不同阶段的教学模式,从而有针对性地解决学生的“脱节”问题,帮助学生更好地接受和适应新的学习阶段。

再次,大多数学生已有自己的学习习惯和策略。对于初高中英语衔接教学来讲,相比小学和初中英语衔接教学来说,其中一个比较大的优势就是很多学生在初中时期已经养成了相对比较自觉的习惯,随着学生身心的发展,学生能够相对更好地按照教师的要求来配合教师的教学,最终初步形成一套适合自己的学习方法,而不是全然被动而茫然地去学习。学生经历了中考的“洗礼”,比那些未经历过大型考试的学生更容易主动接受新的学习模式。学生到了高一新学期,依然可以适当沿用以前的学习方法,使自己有一个“缓冲”的机会,然后再逐渐去调整和适应。简而言之,初中生到了高中学习英语,不是去接受一个比较陌生的学科,而是在已有的学习基础上进一步提升。

最后,许多教师在常规教学中能够适当调整教学策略。在对教师的问卷调查和访谈中我们发现,虽然很多中学没有开设专门的衔接课程,但许多教师在自己的实际教学工作中能够做到有意无意地适当调整自己的教学策略,来适应自己的新学生。这与教师本身的素质有关。随着国家对基础教育的日愈重视,很多教师都能够不断学习和完善自我,提高自己的教学水平和能力,汲取更科学有效的教学方法。在实际教学工作中,虽然会存在班级间学习情况参差不齐的现象,但很多教师依然一直坚持不断优化自己的课堂,落实教学常规。这是教育行业积极向上的一个体现。

二、存在问题

虽然我们在调查研究中发现了一些初高中英语衔接教学值得肯定的地方,但我们同时也发现了存在的诸多问题。

（一）学生方面的问题

第一，学习兴趣影响高中英语的学习效率。从对学生学习兴趣的调查可见，很多学生到了高中阶段不如在初中的时候对英语感兴趣。他们对英语学科的学习兴趣直接影响了他们的学习成绩和对高中英语教学的适应程度。这归因于学生没有完全认识到初高中英语课堂的差异。初中英语课堂相对比较轻松活跃，而高中课堂容量肯定比初中大，学习任务重，通常无法像初中课堂一样活跃。很多学生不愿意面对这个事实。在学习任务繁重的时候，学生的懈怠心理就会使他们厌恶给他们带来压力的学科。

第二，学生的学习动机不正确。前面提到很多学生到了高中，包括以前在初中的时候，学习英语的目的就是为了考试拿高分。初中阶段题目相对简单，学生很容易拿高分，但高中不一样。而学生一旦没有轻易得到自己的理想分数，就会产生懈怠心理。纯粹为了得分去学习，一旦达到目的后，例如考上了大学，学生就不会持之以恒地学下去了。这与英语课程标准中关于引导学生终身学习的目的是相悖的。例如，经过高一的前几次月考，很多初中曾经长期考140分以上的学生发现到了高中要考上120分都很难，于是他们就开始怀疑自我，整天茫然无措。因此，单纯为了应试的学习动机肯定会影响学生对高中英语学习的适应。[8]

第三，初中基础知识不扎实，到了高中“跟不走”。语言学习本身就是一个逐渐积累和熟悉的过程。如果初中英语的基础没有打牢固，到了高中进入到学习任务更加繁重的阶段，部分学生就很容易“吃不消”。例如，在访谈中我们发现，初中都没掌握好定语从句的学生到了高中课堂就像听“天书”一样，久而久之上课听不懂教师在讲什么，连基本的单词都不知道，就会不愿意听讲，最后形成恶性循环，导致英语成绩直线下降。因此，初中基础打扎实一点，对于初高中英语学习的过渡性适应是很有利的。

第四，部分学生未掌握好基本的语言学习技能。我们发现，英语语言学习所必须掌握好的听、说、读、看、写等各项技能其实是相互影响、相辅相成的。然而部分学生在学习时顾此失彼，只关注其中一部分，而忽略了各项技能的全面发展。例如初高中学生都容易忽略的“说”的技能，研究发现，学生的口语和听力其实是相互影响的。如果只关注考试中的听力，而忽略了平时的口语训练，学习一些“哑巴英语”，最后语言的综合运用能力还是会受到影响。

第五，一些学生不会适时调整自己的学习方法和策略。问卷调查显示，很多学生尽管初中时期有属于自己的学习方法，但到了高中依然沿用老方法，结果是“处处碰壁”。例如，很多学生初中记单词是根据字母顺序记忆，或者纯粹用音标来记，本身就感到很痛苦了，到了高中面对更大的词汇量，他们还按照以往的方式来记单词，一时更加怨声载道。学生因而产生畏难情绪，觉得高中英语学习又难又枯燥，大大降低了学习兴趣和效率。调查中甚至还有一些学生表示他们根本没有学习方法可言，到了高中就更谈不上策略性学习了。

第六，英语学习习惯不够好。虽然部分学生在初中的时候就已经了解英语学习的模式，养成了自己的习惯，但很多学生的学习习惯是不可取的，并且到了高中他们还是不愿意改变。有些学生在初中的时候就习惯性地不做作业，或者习惯性地依赖教师的督促，到了高中还继续如此，自然无法养成独立自主的学习习惯，也没有独立学习的能力。所以，在初中时期就养成好的学习习惯是很有必要的。

（二）教师方面的问题

教学是教师和学生互动的过程。衔接教学不仅需要学生的配合，也需要教师的努力，而教师在教学过程中依然存在诸多问题。

第一，教学目标不明确或者不准确。研究发现，部分教师在日常教学工作中备课和上课的时候没有设定明确的目标，因而在具体实施过程中只能摸着石头过河，课堂效率低，学生学习没有章法。还有很多教师虽然有明确的教学目标，但都是以应试为目的去进行的，没有依据教学大纲的要求制订小的目标，更没有结合英语课程标准实施教学行为，最终使学生也朝着应试的目的去功利性地学习，缺乏对英语学科的认识，最终失去学习的兴趣和信心。

第二，对学生的了解不够。从前面对初高中英语各知识板块差异的师生调研中我们发现，很多教师尽管在有些方面，例如词汇方面，和学生的认识相一致，但对学生关注的阅读板块却很少注意，说明很多教师对学生的想法和需求是不够了解的，而是仅凭自己的教学经验教授知识。教师努力想让学生关注语法基础，学生却把更多精力放在阅读得分上。这说明教师对学生不够了解，对学生的思想引领不够。

第三，课堂注重教学内容的"满堂灌"。在对教师的调研中我们发现，绝大部分教师在课堂教学中更关注教学内容的完成，而忽略了学生本身的个体差异和教学方法的选择。在学生问卷中我们也发现，学生对教师教学存在的最大问题就是课堂容量过大。这两方面的数据刚好相契合地反映出现实教学过程中的一大忌讳："满堂灌"。教师只管完成自己的教学任务，而忽略了学生的接受能力，所以也不可避免地出现部分学生认为课堂的另一个大问题，就是课堂氛围不够好。一味地讲授知识而忽略师生的互动，当然会使课堂氛围不够活跃。这都是相互影响的。

第四，教师缺乏对学生的策略性指导。前面提到，学生存在的问题里有策略方面的情况，我们在对教师的调查和访谈中也发现很多教师在日常教学工作中没有经常给学生进行策略上的指导。所谓"授人以鱼，不如授人以渔"，教师对学生的自主学习能力的指导不够，就会使学生一味地依赖教师的督促，难以适应高中英语的学习。这种情况下教师和学生都会苦不堪言。而针对各知识板块学习的策略性指导，很多教师也是做得不够的。

（三）教材方面的问题

高一英语教材的板块设置和文章形式应该适应学生的需求，循序渐进。我们所调研的高一学生使用的是2003版高中英语人教版教材。调查发现学生对教材知识点的难易程度还是比较满意，但是由于初高中英语教材的版面设置有所差异，活动不一样，而且高中英语教材中文章的篇幅更长，形式更多样，一些刚刚进入高一的学生有些不适应。[9]因此，在高一上册的教材中，前几个单元的形式如果能设置得和初中教材相仿，然后再慢慢进行改变，学生有了熟悉感并从心理上接受以后，可能适应起来会更容易一些。现行的新版教材在这一点上做得比较好，在高一上册教材第一单元的最前面设置了一个Welcome Unit。这个单元所谈论的话题是引导学生适应新学期、新环境，里面还有很多听说活动，让学生在刚进入高中的茫然时期找到一丝熟悉感，然后心理上也更易接受。

附：问卷调查表格

初高中英语衔接教学阶段学生学习现状调查问卷

亲爱的同学：

为切实了解你当前的英语学习情况，发现并探究高中英语学习中存在的问题，帮助同学们提高学习效率，帮助老师们改进教学方法和教学策略，我们诚挚地邀请你参加本次问卷调查。本次调查不会泄露你的个人信息，问卷调查结果将严格保密，同时答案亦无对错之分，只是为初高中衔接教学及后续学习提供参考数据。请你按真实情况作答。感谢你的配合！

第一卷：

你的性别：A. 男　　B. 女

你的年龄：A. 14岁　B. 15岁　C. 16岁　D. 17岁及以上

第二卷：

1. 你的中考英语成绩为（　）。

A. 90分以下　B. 90～104　C. 105～119　D. 120～129

E. 130～139　F. 140以上

2. 高一以来你的英语平均成绩为（　）。

A. 0 ~ 69　B. 70 ~ 89　C. 90 ~ 119　D. 120 ~ 130　E. 130 以上

3. 你学习英语的目的是(　)。

A. 充分阅读　B. 工作相关

C. 通过考试　D. 出国需求

4. 初中时,你对英语学习(　)。

A. 非常感兴趣　B. 感兴趣

C. 还好　D. 厌恶

5. 高中时,你对英语学习(　)。

A. 非常感兴趣　B. 感兴趣

C. 还好　D. 厌恶

6. 初中学习中,你更注重(　)。

A. 语法　B. 听力　C. 阅读　D. 口语　E. 词汇

F. 写作

7. 高中学习中,你更注重(　)。

A. 语法　B. 听力　C. 阅读　D. 口语　E. 词汇

F. 写作

8. 初中学习中,你如何记忆单词?

A. 字母顺序记忆　B. 音标辅助记忆

C. 对比记忆　D. 总结归纳

E. 构词法

9. 高中学习中,你如何记忆单词?

A. 字母顺序记忆　B. 音标辅助记忆

C. 对比记忆　D. 总结归纳

E. 构词法

10. 初中英语教师是否重视情感交流?

A. 经常　B. 有时　C. 偶尔　D. 从不

11. 高中英语教师是否重视情感交流？

A. 经常　　B. 有时　　C. 偶尔　　D. 从不

12. 作为高中生，你的学习策略相比初中而言有何变化？

A. 完全一致　　B. 不完全一致

C. 全新的学习方法　　D. 没有学习方法

13. 你的初中英语教师的授课方式偏向于(　)。

A. 讲授　　B. 启发教学，学生思考

C. 讲练结合　　D. 小组讨论，教师指导

14. 你的高中英语教师的授课方式偏向于(　)。

A. 讲授　　B. 启发教学，学生思考

C. 讲练结合　　D. 小组讨论，教师指导

15. 初中英语教师对学生学习的评价方式更注重(　)。

A. 测试成绩　　B. 课堂表现

C. 作业完成情况　　D. 综合　　E. 其他

16. 高中英语教师对学生学习的评价方式更注重(　)。

A. 测试成绩　　B. 课堂表现

C. 作业完成情况　　D. 综合　　E. 其他

17. 你的初三老师(　)学习策略。

A. 专门讲过　　B. 偶尔提到　　C. 从未提到

18. 你的高中老师是否提供学法指导？

A. 经常　　B. 偶尔　　C. 从不

19. 你认为高中教师应如何对待初中所学的重点知识？

A. 先复习，再讲新知识　　B. 直接讲新知识　　C. 让学生自己巩固

20. 在高中英语课堂，英语教师使用多媒体的频率为(　)。

A. 总是　　B. 经常　　C. 偶尔　　D. 从不

21. 与你的初中英语学习方法相比,你的高中英语学习方法(　)。

A. 完全相同　　B. 部分相同

C. 都没有学习方法

22. 你有预习的习惯吗?

A. 每天预习　　B. 有时预习

C. 很少　　D. 从不

23. 高中英语作业的完成情况是(　)。

A. 按要求认真完成　　B. 大部分独立完成

C. 小部分独立完成　　D. 习惯性抄答案

24. 在学习英语过程中,你对待错题的方式是(　)。

A. 不会再翻看　　B. 偶尔翻看

C. 大多时候多次复习　　D. 定期复习直至完全掌握

25. 除上课外,你的英语学习时间有(　)。

A. 零　　B. 少于1小时

C. 1~2小时　　D. 2小时以上

26. 你上课记笔记的习惯是(　)。

A. 认真记录老师的话　　B. 只记老师强调的内容

C. 偶尔记　　D. 从不记

27. 你认为初高中英语需要衔接教育吗?

A. 非常需要　　B. 需要

C. 很少需要　　D. 不需要

28. 你在英语学习中使用英语字典等的频率为(　)。

A. 总是　　B. 经常　　C. 偶尔　　D. 从不

29. 你的英文阅读量(　)。

A. 大量课外阅读　　B. 教师提供及推荐的读物

C. 英语练习中的文章　　D. 只有英语教材

30. 你是否反思自己的英语学习情况？

A. 总是　　B. 经常　　C. 偶尔　　D. 从不

初高中英语学习衔接教学阶段教师教学现状调查问卷

尊敬的老师：

为了更好地帮助学生顺利实现初高中英语学习的衔接，重庆市普通高中教育教学改革研究重点课题“基于英语课程标准的初高中英语衔接教学研究”课题组，就如下几个方面进行调查。本次调查不会泄露您的个人信息，本问卷调查结果将严格保密，同时答案亦无对错之分，只是为初高中衔接教学研究提供参考数据。请您按真实情况作答。诚挚感谢您的合作！

第一卷：

您的性别：A. 男　B. 女

您的工作年限：A. 3年以内　B. 3～10年　C. 10～20年　D. 20年以上

第二卷：

1. 您的教学目标是(　)。

A. 完成新课标的阶段目标　　B. 完成教学进度

C. 学生取得好成绩

2. 您对初中英语的教材体系是否了解？

A. 完全了解　　B. 大部分了解　　C. 小部分了解

D. 几乎不了解　　E. 完全不了解

3. 您对初中英语教材所涉及的方法是否了解？

A. 完全了解　　B. 大部分了解　　C. 小部分了解

D. 几乎不了解　　E. 完全不了解

4. 您对初中英语的语法知识学习内容是否了解？

A. 完全了解　　B. 大部分了解　　C. 小部分了解

D. 几乎不了解　　E. 完全不了解

5. 您对初中英语的词汇基础是否了解?

A. 完全了解　B. 大部分了解　C. 小部分了解　D. 几乎不了解　E. 完全不了解

6. 您对初中的英语学习方法是否了解?

A. 完全了解　B. 大部分了解　C. 小部分了解　D. 几乎不了解　E. 完全不了解

7. 您对初中学生的英语学习习惯是否了解?

A. 完全了解　B. 大部分了解　C. 小部分了解　D. 几乎不了解　E. 完全不了解

8. 在日常教学中,你认为高中的教学方法与初中的教学方法(　)。

A. 没有区别　B. 有一些区别　C. 有很大区别

9. 你认为现行的教材初高中知识衔接是否脱节?

A. 脱节　B. 少量脱节　C. 没有脱节

10. 您认为学生学不好英语的主要原因是(　)。

A. 智力问题　B. 兴趣问题　C. 方法问题　D. 基础问题

11. 针对学生的个体差异,您采用的教学手段(　)。

A. 灵活多变　B. 经常变化　C. 偶尔变化　D. 没有变化

12. 关于预习方式,您给学生的指导建议是(　)。

A. 浏览新课　B. 精读新课　C. 精读并找出难点　D. 精读后完成练习

13. 当学生遇到困难时,您通常要求他们向(　)求助。

A. 字典　B. 网络　C. 同学　D. 老师

14. 您是否在课堂教学中穿插并强调自主学习的方法?

A. 有时　B. 经常　C. 从不

15. 您认为当前高中英语教学主要存在的问题是(　)。

A. 教学难度过大　　B. 课程内容过多

C. 课堂氛围不活跃　　D. 教学重难点不突出

16. 新课程背景下,您的教学目的是(　)。

A. 提高学生的英语交际能力　　B. 提高学生的考试成绩

C. 让学生掌握扎实的语言基础知识

17. 您对于初高中衔接教学的重视程度是(　)。

A. 从未注意　　B. 极少注意　　C. 很少注意

D. 有时注意　　E. 非常注意

18. 您通常在哪些环节关注初高中衔接?(　)

A. 听力　　B. 写作　　C. 翻译　　D. 单词　　E. 语法

F. 口语　　G. 阅读

19. 您对初高中英语教学衔接的基本态度是(　)。

A. 我只负责高中英语课本的教学任务,其他内容与我无关

B. 我只负责高中英语课标规定的教学任务,其他事项与我无关

C. 我既认真落实高中英语教学任务,也非常关注初中教材的相关内容

D. 我既注重初高中英语知识点的衔接教学,也注重思想方法的渗透

20. 备课与上课时您主要考虑的因素是(　)。

A. 学生情况　　B. 教学内容

C. 教学方法　　D. 教学条件

21. 您怎样批改作业和试卷?

A. 不批改　　B. 只改成绩好的　　C. 只改其中1~2个小组

D. 全批全改　　E. 面批面改　　F. 全批全改,还有评语

G. 视时间而定,时间充裕,批改就仔细一点

22. 对学习英语有困难的学生,您的做法是(　)。

A. 以鼓励为主　　B. 以帮助为主

C. 以批评为主　　D. 视而不见

23. 您对学生的辅导情况是(　)。

A. 注重个别辅导　　B. 注重集体辅导

C. 能通过家长群进行辅导　　D. 通过微课进行远程辅导

E. 利用课间进行辅导

24. 您认为学生学好英语最应具备的个性品质是(　)。

A. 学习目的　　B. 兴趣　　C. 毅力

D. 学习习惯　　E. 自信心　　F. 学习态度

25. 上课时,您关注的对象是(　)。

A. 只关注教学内容是否完成　　B. 只关注成绩好的学生是否掌握

C. 重点关注中等生是否掌握　　D. 重点关注差生的表现

第三章
初高中英语教材知识结构衔接研究

第一节　初高中英语教材知识结构衔接原理

一、初高中英语教材知识结构衔接应以课程标准为指导思想

课程标准是初高中教材编写、教学活动设计以及考核评价模式建构的重要依据。本书中，“课标2017”指2017年修订的《普通高中英语课程标准》，“义教课标”指《义务教育英语课程标准》；二者的衔接即初高中英语衔接教学的关键所在。总体来看，“课标2017”与“义教课标”将基础教育阶段的英语课程分为了九个级别，分别对应小学、初中与高中三个阶段，按照学生的语言能力发展制订了循序渐进的标准，既保证了英语课程发展的整体架构与渐进意图，又保证了英语课程能随课程标准的升级改革而持续变化。“义教课标”规定初中学生毕业时应至少达到五级水平，“课标2017”规定高中学生应学习必修课程、选择性必修课程和选修课程，达到高中英语学业质量水平一、水平二和水平三，以及相应的核心素养要求。

英语课程的分级目标从表面上看并不存在问题，但事实上，教材编写时所依托的课程标准是不同的。初中教材以“义教课标”为依托，对学生的要求为五级及以上，而高中教材以“课标2017”为基准，高一阶段的起步即为六级要求，这就使得初中毕业时处于五级水平的学生在学习按六级要求编写的高中英语教

材时，出现难以适应或学习困难的情况。此外，在研究中我们还发现，"课标2017"中并没有明确六级要求对应的语言知识要求，这就说明高中英语课程在编写过程中并不能依照具体的标准进行设计，进而使得初高中教材的编写出现了衔接不当的问题。要想有效解决该问题，必须针对课程标准调整教学。具体来说，教师在课程设计环节应考虑初高中衔接的问题，将"义教课标"的重点内容与精华内涵引入高中课程标准的初始环节，进而建立双向结合，并以此补充初高中衔接过程中的课标留白。此外，教师在高一阶段实施英语课程教学时，应参考"义教课标"的内容与特征进行设计，以保证学生学习和思维上的连贯性。

二、初高中英语教材知识结构衔接应遵循英语知识结构特征

（一）系统性

系统论认为，任何事物在发展过程中都需要自然流畅的过渡环节，以保证发展变化的统一性与连续性。因此，初高中英语教材知识结构的衔接研究也必须建立在完整的系统论之上，关注和处理事物在系统中的发展顺序与流程，并由此把握各要素之间的联系，掌握系统自身与外部环境之间的沟通和相互作用，通过系统的结构与动态变化因素对事物给予综合考察与处理，达到最好的过渡与协调效果。

初中与高中虽然有着鲜明的分界线，但针对英语学科而言，初中英语与高中英语应当是一个连续的整体。因此，初中英语教材与高中英语教材的知识结构同样也应当是一个完整的体系。初中英语教材应与高中英语教材在知识结构上保持一致，进而形成学科体系，这样才能更好地发挥协同教育作用，将教材的综合优势全面呈现，达到更高的教育效能。这样的效能并非教材自身的独立要素所能达成的，必须建立在相互联系且动态变化的协同衔接过程之中，发挥合力的深化作用。

两个课程标准分别针对不同的学段，使初高中教材的知识结构形成了一个线性发展的关系，但英语学科自身的系统性要求初高中英语教材的知识结构也应具备系统性。要保证初高中英语教材知识结构之间的衔接关系，就必须促使两套教材的知识结构形成一个完整的系统关系。二者具备本质上的整体性，是一个完整系统内相互弥补与促进的两个协同元素，而并非单独、并列的关系。

（二）顺序性

螺旋式课程理论重点强调了课程组织的顺序性原则。该理论提出，课程的建设发展需要依从学科自身的逻辑与结构，同时根据学生的认知水平展开设计，实现由浅入深、由易到难的教学效果。对于年龄较低或能力较差的学生，教师要对教学内容进行简化。而随着学生年龄增长或能力发展，教师要依据其发展顺序，不断深化课程内容，协助学生在已掌握的简单内容基础上不断升级和巩固拓展。由此来看，螺旋式课程理论强调知识结构的顺序性，以及通过连续的发展来保证学生完成相应的学习任务。英语教材在知识结构的设计上，也需要以连续性为基础，保证初高中阶段学习递进时的顺序性，让学生能够通过更好的衔接顺序，获得知识、技能与情感态度的有序发展。

三、初高中英语教材结构衔接应遵循学生认知发展规律

英语教材的知识结构是依托英语学科自身的知识体系架构起来的，其主要目的在于引导学生按照英语学科的学习规律来掌握基本知识，由此形成语言应用能力，达到提升认知水平的目的。教育家布鲁纳提出，教学过程中如果可以将材料转变为符合学生年龄段的逻辑形态，那么将具有更强的鞭策力，进而引导学生在学习的过程中快速形成良好的观念与作风，由此助力学生成长为有教养的人。同理可得，英语教材也应以英语学科的逻辑为基础，同时满足学生的认知能力与发展水平，由此形成一种“图式”。学生已经建立的认知结构或图式是一种概念性的知识结构，仅属于学生的认知体系，在遇到需要选择、核对或组

织新信息时才会产生有效作用，进而将新信息归入大脑之中原本已经建立的有意义的框架体系之内。首先，图式是学生理解新信息的重要基础，建立图示的学生可以通过已经掌握的知识结构与框架，代入不同的情境，从而产生对照关系与协同意识。其次，图式是针对学生个体的认知结构的，需要学生拥有一定的知识储备，并将掌握的知识建设成为体系。最后，图式必然存在一个作为中心的核心概念，其体系围绕中心概念展开，形成不同的分类与结构。因此，对于学生的学习活动而言，学生要实现将所学的新信息同化乃至内化，就必须依托其自身当前的认知结构。对于过渡阶段的高一学生来说，教材的设计更要符合学生的认知水平，这样学生才能够在高中学习中体现初中所学内容的基础作用，将两个阶段的图示建立对应关系。以thrice和three times为例，在英语词汇学习中，二者都具有“三次”的含义，但在学习和理解过程中，hree times的接受程度与学习效果更好、更明显。three和time都是学生已知的词汇，time本身有“时间”“次数”等不同的含义，但在图示建构中，time与基数词放在一起时的含义是固定的，因此学生更容易做出判断。但thrice与three之间的直观联系较弱，学生难以由此想到所学知识，也就难以将其载入图式之中的正确位置。

第二节　初高中英语教材知识结构对比

一、词汇

词汇是英语语言的三大要素之一，更是英语这座大厦的地基所在。学生所掌握的词汇量与熟悉度会直接影响其表达的能力、效果与精确度，这也是反馈学生学习水平的关键因素。初高中英语教材的词汇学习内容之间应建立良好的衔接关系，并主要通过词汇呈现的方式、内容、词汇量、难度等展开。

表3-1所示为人教版初高中英语教材词汇板块对比。

表3-1　人教版初高中英语教材词汇板块对比

	呈现方式	呈现内容	难度
九年级	单词和短语位于教材末尾的附录中，每一个单词都有音标、词性和对应的词义。重点单词一般用黑体字标出。	九年级英语教材(全一册)一共有14个单元。每单元大概有35~44个单词，需要掌握的重点单词大概有25~28个，主要包括以下几个话题所涉及的单词，例如学校生活、社会交往、个人习惯爱好、历史文化、文娱体育以及科普和保护环境等。	九年级英语教材每一单元的单词主要以名词和动词为主，以形容词和副词为辅。每一个单词一般只有一种词性，每个词性后面一般只有一两个释义，这对于学生记忆单词而言比较简单，没有太大的难度。
高一年级	高一英语教材中的词汇和初三英语教材中的词汇的位置一致，均位于教材后面的附录中。高一教材中的词汇分为课标词汇和非课标词汇，不带△的为课标词汇，带△的为非课标词汇。	高一英语教材必修1、2一共有10个单元，每单元大概有60~65个单词，需要掌握的单词大概有50个，主要涉及社会交往、旅行、个人品质以及不同国家文化等方面。	高一英语教材词汇中出现大量形容词和副词，大部分单词都有两种词性，每种词性的释义一般都是两个或者两个以上。此外，高中英语教材词汇中增加了一些专有名词以及其他国家的地名。

(一) 呈现方式对比

从呈现方式来看，九年级英语教材与高一年级英语教材具有一定的一致性，都以集中呈现的方式排在教材的末尾，并且标注了每一个单词的音标、词性、释义等。

（二）呈现内容对比

从呈现内容来看，九年级的教材与高一年级的教材出现了比较明显的跨度。首先，以词汇所覆盖的话题为切入点，高一年级教材词汇涉及的话题显然要比九年级教材词汇涉及的话题更为广泛，且话题影响力与范围也有所不同。初中教材单词涉及的话题主要围绕学生的学校生活、社会交往、个人习惯爱好、历史文化、文娱体育以及科普和保护环境等。但进入高中阶段后，教材涉及更多社会交往、旅行、个人品质以及不同国家文化对比等方面的内容，其话题中心由学生个体层面发展到整个社会层面。此外，在词性方面，高中阶段的词汇也有较大的差异。初中阶段的名词更多，而高中阶段出现了名词数量减少，动词、形容词与短语数量急剧增加的情况。通过分析甚至可以发现，在高一阶段一个学期的短语数量已经达到了九年级一整年的短语数量。这种内容上的变化不仅提高了学习难度，而且使得初高中衔接阶段的词汇知识结构出现了较大跨度。

（三）量和难度对比

从单词的数量角度分析，人教版九年级英语教材为全一册形式，共设有14个单元，每单元的词汇量在34～44个，学生需要掌握的词汇总量大概为568个。但人教版高一年级上半期的教材分为必修1与必修2，两册教材共10个单元，每单元的词汇量却达到了60～65个，学生需要掌握的词汇与短语大概有468个。显而易见，高一年级上半期的词汇量与九年级一年所学的词汇量几乎持平。从学生角度来说，其任务量明显增加，而词汇量的增加还会给学生学习其他内容带来更大的困难，由此进一步拉大了初高中阶段英语教材的跨度。

从单词难度方面分析，高一年级英语教材中词汇的词性相对更为复杂，首先表现在词性的多元化上。高一教材中的词汇大多具有两种不同的词性，而每一种词性又具有多种释义。初中教材中，词汇的词性大多只有一种，每个单词也仅有一两个释义。这也使初高中教材在词汇设置上出现了不衔接的问题。

这些问题无疑增加了学生在词汇学习中的负担。如果学生无法适应由初中到高中的词汇数量与难度，其兴趣与学习成效就会受到严重影响。

二、语法

语法在语言学习中也具有重要的价值和功能，主要通过确定"词类"或"词"的用法，就其相互之间的关系表示以及在句子中的功能和成分等制订构词规则、构形规则、成句规则等方面的标准规范。对于我国学生而言，语法是仅次于词汇量的难点问题。广泛来说，所有语言在语法表达上都具有一定的相通性，比如，主谓宾的结构关系都是相对固定的，但在不同的语言体系中，语法规则却存在极大的差异，这也使得学生在语法理解方面存在更大的困难。因此，从教材内容的文本角度展开分析可以发现，高一年级英语教材涉及的语法与九年级英语教材涉及的语法同样存在断裂现象。

（一）呈现方式对比

从呈现方式角度来说，九年级与高一年级的英语教材在语法表现上具有较大差异。九年级英语教材将语法教学内容分为两部分，其一为 Grammar Focus，即将文中的重点例句呈现于单元内部；其二为附录部分，将教材涉及的主要语法知识进行系统而整体的总结归纳，并对语法条目进行解释，同时附上例句。高一年级英语教材同样分为两个部分，第一部分也是在教材的每一单元之中呈现，要求学生结合文本中的例句自行提炼语法结构，并掌握其基础功能，其特点在于不会将语法知识单独或直接呈现，需要学生通过学习自主发现。第二部分同样在教材末尾的附录部分，对语法点进行了详细陈述与解析。这样的编排效果需要学生在练习过程中寻找和自主提炼语法知识，脱离了直接学习语法的过程和形式，而是学生在练习中自主掌握，并应用于实际表达。初高中英语教材中的语法知识在呈现方式上存在的差异和问题，也会导致教材之间的衔接性进一步降低。

（二）呈现内容对比

从呈现内容角度分析，九年级英语教材与高一年级英语教材的语法知识缺乏相应的衔接。依据螺旋式课程理论，在高一阶段应回顾九年级或整个初中阶段的语法知识，由此引导学生从初中过渡到高中。但由表3-2可见，教材之间的语法知识点并没有鲜明直接的对应关系，反而大多数内容为新语法。此外，在初中教材中，每一单元会存在部分琐碎的语法知识，比如固定用法should be allowed to，used to等，这些内容需要学生进行单独记忆。而高中教材更注重系统性学习，比如必修1的前两个单元集中学习了直接引语与间接引语两部分语法内容，第一单元着重讲陈述句与疑问句，第二单元讲解祈使句，两个单元由此形成了一个完整的结构体系。学生在学习过程中，不仅要掌握两种引语应用时的变化规则，还要区分不同句型中的应用情况。这种由零散转向系统的语法知识结构也是初高中教材衔接跨度较大的表现之一。

表3-2　人教版九年级教材和高一英语教材语法知识内容对比[10]

单元	九年级教材语法点	高一教材语法点（2003版）
Unit 1	Verb + by with gerund	Direct speech and indirect speech (1) statements and questions
Unit 2	Objective clauses with that, if and whether (exclamatory statement)	Direct speech and indirect speech (2) requests and commands
Unit 3	Objective clauses with wh- questions	The present continuous tense: expressing futurity
Unit 4	Used to	The attributive clause (1) (that, which, who, whose)
Unit 5	Passive voice (present tense)	The attributive clause (2) (where, why, *prep.* + which/whom)
Unit 6	Passive voice (past tense)	The restrictive and non-restrictive attributive clause

续表

单元	九年级教材语法点	高一教材语法点(2003版)
Unit 7	Should + be allowed to	The future passive voice
Unit 8	Must, might, could and can't for making inferences	The present perfect passive voice
Unit 9	Relative clauses with that, who and which	The present progressive passive voice
Unit 10	Supposed to + infinitive Excepted to + infinitive	The attributive clause (*prep.* + which/whom)
Unit 11	lt is + *adj.* + infinitive Make + sb. + infinitive (without to) Make + sb. + *adj.*	—
Unit 12	Review of key structure	—
Unit 13	Review of key structure	—
Unit 14	Review of key structure	—

(三) 量和难度对比

首先,就语法的学习量而言,高一阶段所学的内容超过九年级将近一倍。如表3-2所示,高一上学期所学习的语法知识量就几乎等同于九年级一年所学的量,同时语法难度还有所上升。由此可知,学生从初中升到高中后,在语法学习中很容易遇到困难。

其次,就语法的学习难度而言,高一阶段学习的语法知识的难度要明显高于九年级阶段。通过对教材中的语法知识内容进行分析可以发现,进入高一阶段后,只有定语从句是九年级教材中学习过的重点语法,其他相关语法都是学生未曾学习过的内容,比如直接引语和间接引语、各种时态的被动语态、用现在进行时表示将来等。由此可以发现,高一阶段学生在第一学期就要学习大量的语法知识,且都属于新知识,并且相互之间有一定的系统性。这不仅增加了学生的学习任务与学习压力,而且在难度上也明显超过九年级的要求。根据螺旋式课程理论分析，在初高中英语衔接教学阶段，教师应先以初中阶段学生所学的语法为基础，逐步将内容升级或转变为高中阶段的语法知识，由此形成更好的过渡效果，为学生的自主学习奠定基础。

三、听力

听力也是英语学习中的关键技能之一，是保证学生顺利交流的前提条件。英语听力水平与学生的发音、词汇量、习语、文化认知以及思维能力等要素相关。因此，初高中英语听力板块教学内容的衔接性也是影响学生英语学习以及兴趣发展的重要因素。现以人教版教材为例，将初高中两个阶段教材中的听力材料进行对比；案例一为九年级第14单元中的一篇听力材料；案例二是高一必修1第一单元中的一篇听力材料。[11]

案例一：

Class: Good morning, Mrs. Chen.

Mrs. Chen: Morning, everyone! Well, today is our last class together.

Bob: That makes me sad, Mrs. Chen. Your classes have been great.

Mrs. Chen: I'm glad to hear that. But the future will be exciting, too. What do you hope to do in the future, Bob?

Bob: I hope to pass the exam to get into senior high school.

Shirley: I am going to try to get into a music school. I want to play in a band.

Mrs. Chen: I think you can do it, Shirley. And you, Ken? I remember you won a prize for science...

Ken: Yes, last year. I'd like to be an astronaut and go into space. It would be so exciting if I could do that.

Anna: I'm going to improve my English so that I can teach kids English in the future.

Mrs. Chen: That's an excellent plan, Anna. All of you should go for it. I believe in you, all of you.

Shirley: Thank you, Mrs. Chen. Oh, this weekend we're celebrating the end of junior high school. We're having a party...

Ken: ... and we'd like you to come!

Mrs. Chen: Why, of course, I'd love to! I'll bring a graduation cake.

案例二：

Dear Lisa,

There is nothing wrong with you and this boy being friends and studying together. Of course, a boy and a girl can be good friends. Ending your friendship with this boy would be a stupid thing to do. You would lose a good friend and someone to study with.

Teenagers like to gossip, and they often see something that isn't real. Perhaps your classmates cannot understand your friendship with this boy. That's no reason to stop it. My advice is to ignore your classmates. That will show them that you are more grown-up than they are.

Yours,

Miss Wang

（一）呈现方式对比

对比上述案例可以发现，在听力材料的呈现方式上，九年级与高一年级两个阶段的教材各有不同。九年级教材中的听力材料主要为对话形式，通过一问一答的方式将信息和素材融合其中，进而点明主题，学生只需要听取重点句型并筛选重要信息即可。但在高一年级教材中，听力材料为一个短文语篇，通过短文的形式呈现，语篇中的主要句型为相对复杂的从句，句子结构也更加复杂，需要学生通过聆听上下文推断人物关系，判断整个语篇的内涵与主题，进而做出正确的选择。从呈现方式上，我们能看出初高中英语教材中听力学习内容的跨度与差异。

（二）呈现内容对比

在听力材料的呈现内容上，初高中教材也有明显的差别。九年级教材中的对话内容比较简单，主题以学生生活、校园学习等内容为主，与课程的主题内容相一致。而高一阶段的语篇所涉及的内容明显更为广泛，虽然一定程度上仍以单元主题为基础，但其主题已从学生与学校的角度转变为社会与人际关系的角度。与此同时，九年级教材中的听力材料不仅以对话为基本形式，而且采用的句型以日常用语为主，句子简短明晰，使用了大量常见甚至是单音节的词汇；高一年级英语教材中的材料不仅以短文语篇为基础，而且句子多使用带有从句的复杂句型，词汇也多为多音节单词。因此，无论是听力材料形式的转变，还是听力材料所用词汇与句型的转变，都是初高中学生衔接学习中避不开的障碍。

（三）量和难度对比

在听力材料的量与难度方面，初高中英语教材之间也有明显的跨越与变化。首先，从听力材料的篇幅上来看，九年级教材中每一篇听力材料的长度在80～100个词汇；高一年级教材中听力材料的长度则为85～100个词汇。尽管二者的长度看上去比较接近，但高中听力材料以短文语篇形式出现，九年级则以对话形式出现，这就使得听力材料中的信息形成较大的差距。对话形式下，听力材料中会有大量的重复信息与提问过程，短文语篇却基本以陈述的方式呈现信息，其中的生词、地名、人名等均是九年级教材听力材料中所没有的，难度上出现了一定的跨度。

其次，从听力材料的语速来看，九年级听力材料在朗读过程中明显慢于高一年级。据统计，九年级英语教材中的听力材料在朗读过程中的语速为每分钟90～100词，而高一年级的听力材料则要达到每分钟110～130词，这也使得学生在听力材料中搜索信息与特殊内容的难度进一步增大。此外，在高一年级教材的听力材料中，还出现了更广泛的连读与弱读现象，这也为学生聆听文本内涵与句意增加了新的难度。

由此来看，无论是呈现方式的变化、呈现内容的升级或量和难度的提升，都显著提高了英语听力练习的难度，全面证实了初高中英语教材在知识衔接上存在的不当现象。

四、口语

“说”是英语学习中重要的以语言输出为主的技能，英语口语表达与交流的能力是英语综合能力中的关键因素之一。在中高考的导向作用下，英语口语在教材中的教学引导效果一度偏低，但随着新课程改革与升级，英语口语能力的考核与训练日益为大家所重视。从初高中两阶段的口语练习内容来看，两者均同表现出衔接上的问题。以下是人教版初高中英语教材中口语练习板块中相关内容的对比说明。

（一）呈现方式对比

从呈现方式上来看，九年级与高一年级英语教材的口语训练模块都采用了role-play的形式。但在九年级阶段，英语教材为学生提供了表达练习的固定句型，要求学生按照句型完成练习，而高一阶段则以说话练习、阅读以及听力为一个整体模块，要求学生在阅读与听力训练的基础上设置情境，并在该情境下展开拓展对话练习，这就要求学生在口语练习前必须通过阅读理解主题或者通过听力训练了解材料主题。如果学生的阅读理解能力或听力水平不足，那么就会直接影响其口语训练环节。这虽然从一定程度上促进了学生多元能力的同步发展，却也给学生的学习增添了难度。

（二）呈现内容对比

从呈现内容角度来看，九年级英语教材中的口语训练内容与高一年级之间有着明显的差距。九年级的口语训练为学生提供了固定句型，且句型大多为简单、生活化的内容，练习材料贴合课程主题，学生训练过程中使用的单词、短语以及句型结构也较为常见，可以有效避免生僻词的使用。而高中阶段的口语训练与语法学习相结合，不仅句型更为复杂，而且练习主题通常超出了课程主题，要求学生熟练运用自己熟悉的词汇与语法句型，并熟悉相关的素材和资源，进而将自身了解到的内容进行表述和输出。比如高一年级英语教材中，学生在对话练习中不仅要实现直接引语与间接引语之间的转化，还要了解天气、温度等方面的词汇。这种练习方式显然高于初中阶段。

（三）量和难度对比

在九年级英语教材中，口语练习模块对学生的要求较低，仅需要学生掌握一些常用的句型与对话内容，其中固定的句型和内容较多，主题也围绕学生的日常用语展开，因此所用到的词汇、短语以及句型都属于常见且简单的类型，很少涉及生僻字。而高一年级的口语练习模块有着明显的难度提升。一方面，高一年级的口语练习需要学生自行提炼出重点句型，并依据主题与自身的生活，将相应的语法与句型代入日常可能用到的对话之中。另一方面，高一年级的口语练习建立在阅读或听力练习的基础之上，需要学生具有更高的综合水平和能力。高一年级英语教材仅为学生提供了少许的固定表达，没有提供例句，这就需要学生在对话中根据实际需求自行编写对话，与九年级的口语练习要求相比，这样的练习方式与要求显然难度更高。这也进一步加深了初高中英语教材衔接方面的问题。

五、阅读理解

阅读理解是一个复杂的心理认知过程，指通过个体、语篇以及社会之间的互动关系来强化个体对主题语篇的理解，并由此获取相应的启发和产生情感。英语教学中的阅读对学生而言是一个长期且系统化的项目，需要学生在长期的阅读中不断积累英语知识，并在不断阅读的过程中生成阅读意识与思维。在阅读过程中，语篇中的生僻词、长难句以及语篇自身较长等因素，都会影响学生阅读理解的效果，而这就需要学生具备一定的猜读意识与逻辑思维，能通过阅读经验结合上下文做出正确的判断。初高中英语教材对学生的阅读能力的要求有显著差异，相应的阅读理解板块的设计也有不同的特点。

（一）呈现方式对比

从呈现方式上分析，九年级教材中的阅读模块与高一年级教材中的阅读模块大致相同，都分为精读与泛读两部分，其中精读模块位于语法学习与课堂练习之前，泛读模块位于语法学习与课堂练习之后。阅读练习的主要形式分为三个阶段，首先要设计阅读问题，引导学生带着疑问展开阅读活动；其次要求学生开始阅读，并在文中找到相应问题的答案；最后要求学生在阅读后完成相应的练习题。精读模块的主题一般与单元主题紧密相关。

（二）呈现内容对比

从呈现内容上来看，九年级英语教材中的阅读模块与高一年级有着显著的差异。以精读模块为例，九年级英语教材中，阅读理解模块主要以简单句为主，阅读难度较低。高一年级英语教材中的阅读材料则有着大量的复杂句，包括各类从句。比如，九年级英语教材中，阅读材料中复杂句的数量占总篇幅的35%左右，而高一年级英语教材中的这一比例达到了75%。这足以证明初高中阅读模块在语篇材料的句型内容上有着较大差异。同时，初高中阅读板块在生僻词方面也有较大差别。九年级英语教材的阅读材料中没有明显的生词，高一年级英语教材的阅读材料中则将生僻词进行了加黑处理，普遍有超过10个词汇与短语被加黑。由此可见，高一年级英语教材中阅读模块的难度明显高于九年级，这使得初高中教材衔接跨度进一步变大。

（三）量和难度的对比

从篇幅与难度上分析，九年级英语教材中阅读板块的篇幅远远小于高一年级英语教材。九年级教材中精读模块的词汇量在250～300，而高一年级必修1教材中精读模块的词汇量在360～400，到必修2时词汇量进一步增加，达到450～500。单纯从词汇数量来看，高一年级上半期的阅读理解难度就超出九年级近三分之一。从篇数上来看，九年级全一册教材共14个单元，每单元含精读与泛读两篇阅读材料，全年级一共28篇；而高一年级上半期含两册教材，每册10个单元，每学期就有20篇阅读材料，从篇数上也明显高于九年级。因此，无论是考虑篇幅还是篇数，或者阅读材料中的句型难度、词汇难度等因素，九年级教材都与高一年级教材表现出较大的差距，而这也是造成初高中英语教材跨度明显且衔接不当的重要原因。

六、写作

写作是英语学习中的必备技能之一，也是学生英语表达能力的表现途径之一。在初高中阶段，对学生的英语写作能力有着完全不同的标准，因此教材之中的写作练习模块的设计也有较大差异。以下是人教版教材中九年级与高一年级在写作练习模块上的差异。

（一）呈现方式对比

从呈现方式来看，九年级英语教材中的写作练习模块一般在每个单元最后，主要要求学生结合本单元的对话练习内容写作，即将对话练习中学生口语表达的内容转化为写作练习表达的内容。而高一年级英语教材设置了系统化的写作练习模块，分为头脑风暴、写作提示以及写后总结等板块，并将其分别分布于单元的每一个阶段，要求学生将整个单元所学的内容进行整合，进而选择对应的主题完成写作表达。从呈现方式来看，高一年级英语教材写作板块的设计更符合学生写作的规律，也证明高中对学生写作能力的要求更高。

（二）呈现内容对比

从呈现内容来看，九年级英语教材一般会针对单元话题展开，要求学生通过表达建议、陈述事件或写信的方式完成写作，通常还会为学生提供必要的参考句型和写作框架。写作主题与本单元的主题均有直接关联，因此在最后的写作练习中，学生已经积累了本单元主题的相关知识，包括各类词汇与句型等。这无疑降低了学生写作的难度。而高一年级英语教材选择的话题往往与单元主题没有直接关系，同样要求学生提出建议或陈述事实，但并不会像九年级教材一样提供丰富的写作素材，只会列举一两点素材内容，同时也不会给学生提供参考模板。这就使得学生必须拥有良好的写作表达逻辑，通过对写作素材的编排与整理，形成完整的表达效果。这种写作模式对学生而言具有更大的挑战。

（三）量和难度对比

从量与难度上分析，九年级英语教材与高一年级英语教材中的写作模块在词汇数量要求上没有差异，都没有明确规定学生的写作字数，但在难度上却有着较大的递进变化。九年级教材为学生提供了固定的写作框架，并为学生提供了丰富的写作素材。学生只需要将自己的观点与原因代入框架、完成表达即可。而高中阶段则需要学生自己建立写作框架，并将写作素材按照一定的顺序排列，才能达到完整、准确的表达效果。与此同时，九年级的写作模块围绕单元主题展开，学生通过之前的学习已有了认知基础。而高中的写作模块与单元主题之间的关联性不强，需要学生具备良好的词汇量与句型基础，由此也产生了较大的难度差距。

第三节　初高中英语教材知识结构衔接改进策略

一、"义教课标"与"课标2017"之间应相互衔接

课程标准是指导教材编写的核心思想与指南,因此英语教材的衔接设计,必须从课程标准的建设层面形成衔接。"义教课标"是针对小学与初中的课程标准,而"课标2017"是2017年修订的针对普通高中的课程标准,二者共同将英语学科的学习分为九个级别,初中毕业时至少达到五级水平,而高中毕业时至少要达到七级水平。高中英语教材的编写起点即在六级标准上,显然这会使初中毕业时能力处于五级水平的学生在步入高中后感到学习难度陡然提升,甚至还有部分能力达不到五级水平的学生,更是失去了通过高中学习调整和改善缺陷的机会。直接以六级标准开启的高中课程,对学生的学习造成了极大的困难和阻碍。对此,本书提出以下两点建议。

(一)两组课程标准编写者应加强沟通,在课标中合理融入衔接内容

"义教课标"之中提出,小学、初中以及高中各阶段的课程应形成有机衔接,因此,"义教课标"与"课标2017"应当坚持整体设计的基本理念,依据语言学习的渐进性与持续性原则,保证良好的过渡与衔接效果。[12]尽管两个课标在总体思想上保持整体性,但在编写的细节之中,却由于不同的团队负责编写而形成了独立的标准体系。这一现象与问题主要在于两个课标编写团队之间沟通不足,在一定程度上忽视了具体的衔接效果。由于缺乏沟通、缺乏课程标准衔接方案的指导,两个课标就难以形成衔接关系,教材编写自然也会形成更大的跨度。对此,本书提出以下建议:课标编写团队之间应建立良好的沟通与合作途径,如图3-1所示(A组为初中英语课标编写小组,B组为高中英语课标编写小组)。首先,两个课标编写小组在确定课标主要内容后,双方应展开讨论,针对

衔接问题确立有效方案。其次,两个课标编写小组可以展开单独的衔接指导设计,并形成具体的指导框架,基于指导框架确立具体的衔接方式和内容。其三,两个小组进一步展开交流,并将双方提出的衔接框架进行一一对应,解决与消除其中出现的衔接不当或无法对应的问题。最后,双方各自在课标中融入关于课程衔接的内容和要求,为初高中教材编写提供充分的指导。

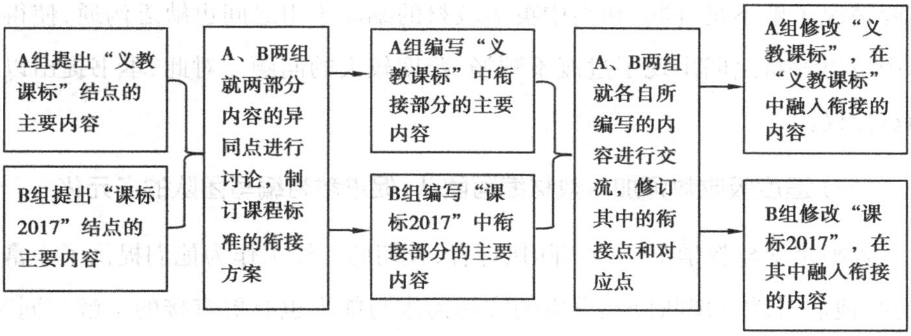

图3-1 课程标准编写操作流程建议

(二)英语教材的编写应以英语课程标准为依据

课程标准是教材编写的重要依据,而教材之间的衔接关系必须建立在依托课程标准进行编写的基础之上。因此,英语教材应严格按照课程标准的规范与要求进行编写,基于课程的内容、难度、衔接关系等进行合理设计,避免出现难度不当或衔接不当的问题。以词汇量的学习要求为例,五级水平与七级水平之间的词汇量标准相差900个单词与100个固定短语,这就意味着高中阶段学生要在必修阶段学习900个新词与100个固定短语。教材编写者就可以将这些内容合理分布于必修阶段的教材之中,逐步递进,由此达到更好的衔接效果。

二、教材编写者之间应加强沟通和交流

教材编写者是决定教材内容形式的直接因素，因此教材编写者在教材编写过程中不仅要按照课程标准的指导展开工作，还要直接参与初高中教材衔接的问题处理。但是，当前多数教材编写者已经脱离一线教学，对当前英语教学的实际情况了解不足，同时初高中英语教材的编写小组之间也缺乏沟通，使得初高中英语教材之间出现了过渡不顺畅、跨度较大的问题。对此，本书提出以下两点建议：

（一）适度吸收教师加入教材编写团队，促进教材编写团队的多元化

教师是学校教学工作的实际执行者，长期的一线工作为他们提供了丰富的经验，他们对教学现状以及学生的实际需求与能力也有更直接的了解。同时，作为教材的直接使用者，他们对教材的实际应用效果与存在的缺陷也有明确的认识。因此，一线教师对于教材的编写有一定的发言权，让一线教师加入教材编写团队可以进一步提升教材的有效性，并为教学目标的实现提供依据。在前期调研中发现，人教版高中英语教材在实际教学过程中的使用有效性并没有达到最高，教师会对教学内容进行取舍，以此满足课程的设计以及学生的需求。[13]这就说明，教材编写与实际教学工作之间还存在需求不对应的问题，所以需要将一线教师加入团队，以协调和解决这一问题。

一线教师的加入并非要求没有教材编写经验的教师编写教材内容，更为可行的是让他们建立教材审核小组，对初步编写的教材形式、内容等进行审核。一线教师根据自身的教学经验、学生的基础能力等对教材内容进行判断并提出修改的建议和意见。最后，教材编写者在收集了一线教师的反馈之后，通过对反馈信息的整理与分析，针对普遍存在的问题对教材进行优化完善，进而保证初高中教材之间的衔接效果。

（二）教材编写者之间应该加强沟通，系统设计中学英语教材

与课程标准的编写一样，教材的编写者团队之间也需要建立沟通途径，以促进初高中教材体系的统一性与衔接性。本书关于初高中英语教材知识结构的差异调查发现，九年级英语教材与高一年级英语教材在设计意图、编写结构以及内容上有着鲜明的差别，使得教学活动无法达到良好的衔接与过渡效果。因此，初高中英语教材编写小组应通过相互之间的沟通来避免教材之间的不衔接问题。（见图3–2，其中A组为初中英语教材编写小组，B组为高中英语教材编写小组）

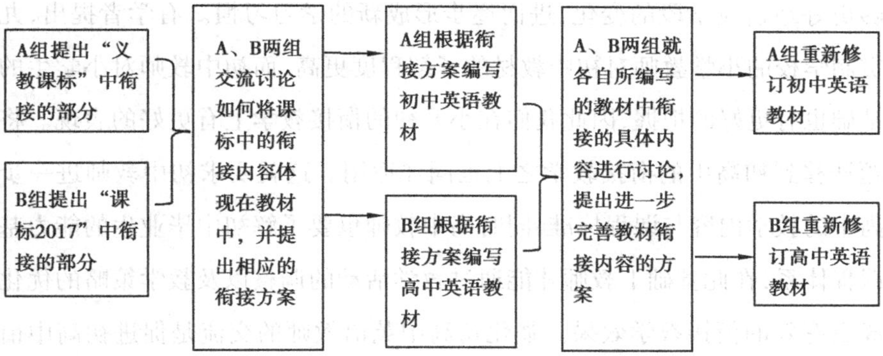

图3–2　教材编写操作流程建议

与课程标准的编写一样，初高中英语教材编写小组也要按照相似的沟通过程展开工作。首先，初高中英语教材的编写小组应单独针对衔接部分的问题展开讨论，并将其确立为一个关键问题。其次，双方展开沟通交流，确立课程标准中的衔接指导思想，并针对衔接内容建立统一认识，编写相应的衔接方案。其三，双方按照衔接编写方案各自进行教材编写，在编写完成后再次沟通，对衔接课程中的设计内容做进一步调整和优化，形成最佳的衔接效果。最后，双方根据相互调整提出的方案进一步优化教材，完成最终的教材版本。

三、教师在教学实践中应树立衔接意识，灵活使用教材

教师不仅是教材的直接使用者，也是对教材进行二次创造的开发者与活动组织的执行者。因此，英语教师自身的教学方式与策略可以为初高中英语衔接建立一定的保障，弥补教材自身存在的衔接问题。

（一）初高中英语教师应加强交流，共同制订英语衔接教学策略

初高中英语教师之间也要形成良好的沟通意识，通过双方的协同衔接意识，努力在教材使用与教学策略方面落实初高中英语教材的衔接设计，让学生能够更好地适应学段的变化，进而逐步形成新的学习习惯。有学者提出，九年一贯制学校的小学教师对初中教材的了解程度更高，而初中教师对小学生的能力基础也有更好的把握，因此我们在小升初的衔接教学上有更好的表现。将该问题迁移到初高中的衔接教学之上也同样适用。这就要求初中教师进一步了解高中的教学内容与课程标准，同时高中教师也要了解初中毕业生的能力基础与课程体系，在此基础上教师才能通过教学活动的调整以及教学策略的优化来达成更有效的衔接教学效果。强化初高中英语教师的交流是促进初高中衔接教学的必要条件。初高中英语教师可建立联合教研团队，定期开展教材研讨、教学分析、学情分析等交流活动，通过对初高中学生能力、教材内容、课程结构等内容作对比，让教师充分了解双方的学情信息与教学特征，在互相学习与交流中形成有效的衔接教学方案，以此改善初高中衔接教学存在的问题。

（二）高中英语教师应根据学生的实际情况适当调整教材知识结构

由于区域差异，不同地区或学校的教学条件与设备设施各有不同，学生的英语基础与综合水平也有明显差异。因此，不同区域的学生对英语教材的需求也不相同。对此，教师在教学中要以地区差异为基础，针对具体的教学现状与学情对教材的应用做出适当的调整，对教材进行校本化调整。“课标2017”明确

提出，教师应善于结合实际需求，灵活、有创造性地应用教材，可以对教材内容、编排顺序、教学方法等进行调整，比如，教师可以补充和拓展教学内容，替换与调整教学活动、扩展活动的开展步骤与方式，调节课程授课顺序，采用其他教学方法等。

例如少数民族地区的教师就可以在英语教学过程中，将民族文化融入课程之中，让学生将所学英语知识与民族相关的文化、习俗、地理、历史等知识相结合。这样既突出了英语教学的综合性，又将民族文化渗透其中，符合学生的实际需求。

此外，教师还要根据学生的能力水平，在教学过程中适当进行知识的回溯与巩固。学习本身是一个螺旋上升的成长过程，学生必须不断强化与夯实自身的根基，才能不断成长上升。例如，在初高中衔接校本课程的编写过程中，首先要将初中的重点知识作为学生步入高中学习的首要内容，其次则要在此基础上逐步引入新知识。在实际研究中我们也发现，多数高中英语教师在教学过程中都会对教材内容进行删减或调整，或者用自己设计的习题和活动替换教材中的内容。这些现象都是教师随机应变、根据教学实情对教材和教学进行有序调整的表现。总之，教师可以根据教学需求调整教学内容，这也使得在初高中衔接教学中，教师可以在一定程度上通过教学内容与方法的改进来优化实际的衔接效果。

第四章
初高中英语词汇衔接教学策略

第一节　初高中英语词汇衔接教学中存在的问题及其成因

一、学生对高中英语课程的不适应性

在初中阶段，学生需要掌握的词汇和语法都相对简单。以重庆市为例，义务教育课程标准约有1 600个单词，其中常用词语为1 400个左右。加上国家针对义务教育阶段的减负措施，初中生在相对宽松的学习时间内死记硬背教师所教的知识点和语法点就可以取得不错的成绩，毕业时的词汇量大约在1 300个。但到了高中阶段，1 500个单词仅仅是高一年级学生应该掌握的词汇，词汇量大大增加，语法变得更加复杂，教学形式和试题考查形式也发生了改变，这些都导致学生一时难以接受，不能适应高中英语课程。

英语作为一门语言学科，我们强调的是它为学生的未来发展奠定语言基础的桥梁作用。对比初中阶段的英语课程，高中阶段的英语课程强调英语的工具性与人文性。此外，高中英语课程体现了文化意识的培养，通过英语语言的学习培养学生的跨文化交际能力与技能，增强学生的多元文化意识。这些技能、能力、意识是通过大量的英语语料学习、阅读、活动和实践来培养的。所以，在高中阶段，英语学科的学习容量增加了，相应的学习要求也提高了。很大一部分学生会觉得高中教材中语篇较长，语法繁多，初高中阶段教材的难易程度有

较大跨度。他们对听力材料和句子类型都不太适应,因而出现不能适应高中教材的情况。此外,与初中阶段相比,高中阶段要求掌握的词汇量多了一倍,高中阶段的词汇学习量的大幅度增长对于高一新生来说也是一个不小的挑战,初中生升入高中后面对突然增加的词汇学习量难免有所不适应。[14]如果学生在初高中衔接阶段没有做好充分的准备,开展高中学习的时候必然更容易出现不适应的情况。

二、学生的不恰当的词汇学习方法

对比初高中学生学习词汇的方法策略不难看出,高中学生的学习中存在一些不恰当的词汇学习方式。因为初中英语学习相对轻松,词汇量的要求也不是很高,教师督促学生记背的时间比较充足,几乎都有固定的听写时间,所以教师督促比高中到位。初中学生依赖于教师的督促,词汇学习的策略培养比较少,学生对学习策略的掌握还属于探索阶段。进入高中后,随着词汇难度的增加和词汇量的增多,对于词汇学习策略缺失的高一学生来说,高中的词汇学习成了一大挑战。另外,初中词汇学习主要是通过语音、识记、辨义等方法进行,而高中的词汇学习强调理解语义、联系语篇和结合应用,必须掌握一些相应的学习策略。如果进入高中后学生仍然无法转变并优化词汇学习策略,掌握英语词汇学习的思路与方向,他们必然会在过渡阶段的学习中遇到困难。然而,根据之前的调查可知,很多学生即使词汇学习方法不恰当,仍然会继续使用以前的记忆方式。因此,衔接阶段教师需要有效引导学生学会恰当的词汇学习方法。

三、教师缺乏衔接意识

初高中教材体系不同,难度不同,要求不同,更要求教师结合衔接阶段的实际需求灵活使用教材。然而,很多高中教学一线的教师总是单纯抱怨学生学习能力弱，不会拼读单词，连一些最基本的词汇、句型都不知道，甚至有学生连跟读都有困难。为了完成教学任务，大部分教师会尽快往前赶进度，没有时间对刚入学的高一新生进行初高中阶段衔接意识的教学，特别是词汇教学，结果就是学生学得吃力，教师教得痛苦，其根本原因还是高中一线教师缺乏初高中衔接阶段的教学意识。上一章的调查显示，尽管有一部分教师已经认识到了初高中英语衔接教学以及词汇衔接教学的重要性，具有了初步的衔接意识，但大部分教师对初中的教材、教法、教学形式、评价体系和“义教课标”知之甚少，对高一新生的英语学习习惯以及英语语言能力的了解也不多。此外，因为教学内容多，任务重、要求高、压力大，所以高中教师对衔接的处理一般比较简单，对衔接内容的研究比较少，缺乏针对性，因此衔接效果一般。由此可知，创建良好的衔接教学氛围，提高学校的英语教学水平和英语教师对初高中英语教学的衔接意识，势在必行。

四、教师的不恰当的词汇教学衔接策略

调查显示，现阶段教师在词汇教学时使用的教学方法和教学形式都比较单一。大部分教师教授单词都是采取领读的方式，一次性教授完，再让学生简单跟读并进行机械记忆。而且大部分教师在教授完单词之后就把任务压给学生，只通过听写和做大量练习等传统方式来检验学生词汇学习情况以及复习和巩固所学词汇，对学生缺乏科学有效的方法指导。即使部分高中教师有指导学生词汇学习策略的意识，有些学生也有想要学好单词的意识，并且意识到要通过一些学习策略来学习，但最终词汇学习还是停留在原点。教师把词汇教学局限在课本之内，平时也只教授课本上的词汇，所以学生的词汇量也就限于课本词汇表所给出的单词，最多记忆一下考试时所出现的生词。教师对学生学习策略的掌握情况缺乏科学有效的监控，没有进行系统和全面的规划，导致学生的词汇学习更加困难。

第二节 初高中英语词汇衔接教学的影响因素与路径探索

一、影响因素

（一）学习要求不同

在初中阶段，英语教材的内容相对简单，教学进度也较为缓慢，学生可以花更多的时间完成学习任务。但进入高中阶段后，教材内容不断增加，涉及的主题与范围越来越广泛，学习的难度也不断增加，同时学生的学习内容也大幅增加，这使得学生需要完成的阅读训练、词汇记忆、语法学习等任务越来越多，造成学生很难融入新的学习环境。此外，高中教材与初中教材内容之间衔接不够的问题也使得学生对教材内容的理解上存在一定的障碍。高中英语课程突出了英语学科的工具性与人文性，强调学生通过“学”而达成“用”的目的，并由此为学生后续的英语学习奠定基础。与此同时，高中英语学习还更突出人文素养的熏陶与引导，以强化学生的文化意识，建立正确的文化观，由此促进学生跨文化交际能力的提高，并形成多元文化意识。[15]在英语教学的实践过程中，教师需要针对性地培育学生的学习技能、交际能力等。相比初中而言，高中教材内容明显增加、学习要求明显提高，如果学生没有良好的准备基础，很容易出现无法适应的情况。

（二）词汇学习量要求不同

初中阶段的词汇教学中偏重对学生记忆力的要求，其训练方式具有一定的机械性，只要学生肯努力即可获得良好的收获。到了高中阶段，词汇教学的侧重点有所转移，除了记忆力外，还需要学生具备良好的总结、归纳、自主学习、思考、质疑等能力。两个学段教学侧重点的差异意味着教学方法和手段必然不同。在高中英语词汇教学中，如果教学手段缺乏更新与创新，学生接触的仍是缺乏系统性总结和复习的词汇教学，学生掌握词汇并进行应用的能力会成长得比较缓慢，尤其是基础薄弱的学生，会受到更大的影响。

依据课程标准我们可以发现，初中阶段要求学生掌握的词汇量大约为1 600个。进入高中后，学生需要掌握的词汇则大约在3 500个。词汇量的增长为学生学习英语带来了巨大的挑战，也是学生难以适应学习变化的原因之一。

此外，初中英语教学中一般都采用汉语授课，而大部分高中学校采用全英文教学，对于词汇量不足的学生来说，不仅难以听懂教师讲授的知识，也无法与老师和同学进行有效互动。很多学生难以适应全英文的教学形式，学习遇到极大的阻碍。

（三）词汇学习策略不同

初中阶段的学生还处于形象思维高速发展时期，对于学习策略的掌握与应用并不成熟，在英语词汇的学习中，主要采用读音、辨识、记忆等方式。高中阶段的学生需要学习的词汇量大幅增加，学生的抽象思维能力也在快速成长，因此词汇学习的方式和策略也随之有所转变。学生在理解语义的基础上，掌握词汇的实际应用方式，才能真正做到学以致用。高中英语词汇的学习策略还会对学生有不同的要求，学生需要调整学习的模式和途径，以避免过渡时期的学习难度过大。由于刚刚脱离紧张的初三学习状态，部分学生在进入高一时会产生一定的放松与迷茫状况，这对学生衔接学习的实际成效有一定影响，也是值得教师关注的一个问题。

二、路径探索

（一）利用思维导图加强英语思维训练，帮助学生了解初高中阶段英语课程的不同特点

在英语词汇学习中，学生往往会受思维定式的影响，将词汇当作单独的个体进行学习。这样的学习方式在初中阶段还可以应对较为少量的词汇内容，但

进入高中后，不仅词汇量增加，而且对学生词汇能力的要求也不仅在记忆层面，更需要学生能够合理准确地应用，传统孤立的学习方式就会大打折扣，无法达到应有的学习效果。

在这样的情况下，教师必须引导学生，让学生意识到词汇并非孤立存在，而是相互之间具有很强的联系性与协同性。教师可以采取制作思维导图的方式帮助学生了解词汇之间的联系，并逐步掌握关联学习的基本方式和方法，形成更有效果的关联记忆。初中时学生主要借助形象思维进行词汇学习，而进入高中后，学生必须全面发展抽象思维，并以抽象思维展开词汇学习。图式教学可以有效衔接学生思维方式的过渡期，帮助学生从形象思维逐步转变为抽象思维。借助概念图等思维导图，教师可以依据语义关联建立词汇图表，利用关系网络表现词汇之间的联系，让学生明确直观地了解词汇内部的关联性。这样既可以丰富学生的知识储备，提升学生词汇学习的效率，又能训练学生的思维水平，形成更好的语用思维。

（二）强化语篇意识，深化学生在语境中学习词汇的能力

在初中阶段，学生在词汇学习中需要利用中文注释，配合教师的语义解释，来形成稳定的注释记忆。这种学习方式一般脱离了词汇的实际应用情境，侧重于词汇含义的理解，而忽视了词汇的实际应用。但是，词汇在具体应用过程中的表现和在不同情境下的呈现具有更深层的学习要求，因此在高中阶段，词汇学习更侧重于学生的应用能力。教师需要将词汇教学与学习策略进行统筹整理，培养学生的语篇观念，使学生能够在实际语境下应用词汇，并将其代入语义之中，掌握词汇在不同情境下的应用方式与特征，以此达到深化学生词汇掌握与应用水平的效果。

（三）大力提倡课外阅读，提升学生的词汇迁移能力

在高中英语学习中，学生还可以利用阅读与笔记相结合的方法展开词汇学习。例如在阅读课外读物时，教师可以要求学生将不认识的生僻词汇记录下

来,并通过查阅词典标注语义,形成完整的笔记。在课外学习或复习时,学生则可以反复利用自己的生僻词笔记,了解和巩固自己不懂的词汇知识与用法,生成更完整的词汇记忆。这种方法符合学生学习词汇的直接意图,即在阅读过程中理解生词的实际意义。与此同时,在阅读课外读物的同时进行笔记记录,也可以为学生理解语篇文本创造条件,使学生进一步强化语篇与词汇之间的联系,是学生拓宽视野与应用能力的重要途径。因此,开展课外阅读活动是提升学生词汇水平的有效方式之一,尤其是在不同语篇中读到重复的词汇,更能增强学生的对比关联意识和培养学生的英语迁移能力。

第三节　初高中英语词汇衔接教学改进策略

一、加强教师的词汇衔接教学意识

初高中衔接阶段承前启后,不仅仅应做到在知识方面的衔接,还应延续学生的学习兴趣,让学生保持学习热情和自信心。一部分高中英语教师只是简单地在高一新生入学的前一两周领着学生粗略回顾初中知识,甚至直接进行高中课程的英语教学,这对于学生之后的学习是极其不好的。高中教师要深入了解初中教材、教法、学法、知识体系、词汇要求等,注重教学理论、教学方法、学习策略的指导,要增强初高中衔接意识,注重把词汇衔接教学贯穿在高一教学过程中。

(一)熟悉课标对初高中词汇的不同要求

初中教材是基于“义教课标”编写的,而高中教材是基于“课标2017”编写的。不同的课程标准对于不同学段的词汇教学有着不同的指导思想和教学要求,所以初中英语教材和高中英语教材在知识结构和词汇呈现方式上的差异是一定存在的。这些差异导致了初高中不衔接这一问题的出现。如果高中教师不熟悉课标中初高中词汇要求的差距，不了解学生原有的语言学习背景，在遇到重要词汇时采用自己的想法进行讲解，要么直接带过，要么讲得过细过深，远远超过学生的接受水平和消化能力，这样既打击了学生的学习兴趣和信心，又费力不讨好，浪费了教学时间。[16]因此，要做好初高中衔接教学，教师首先必须对学生已学过的知识和具备的能力做一定的了解，这就要求高中教师不仅要对高中课标和高中教材了如指掌，还要了解初中生的英语知识结构与学生的现有水平，真正做到"备教材，备学生"，并且对初高中教师教学方法的差异有一定认识，准确找到初高中英语词汇教学的衔接点。这样，教师才能准确找到教学内容的衔接点，弄清学生的最近发展区，在学生的"已学的知识"与"要学的知识"之间架起桥梁，让教学有的放矢，更加高效。例如：在讲解一个重要词汇时，教师可以先激发学生的已有知识，使学生对本节课的教学内容产生兴趣。这就是我们常说的以旧带新的方法，通过把初中讲过的该词的一些基本用法以复习的形式呈现给学生，引入新课，再进一步把高中阶段对该词汇加深的那部分知识作为重难点来讲解。学生在之前的基础上复习该词之后，更加容易接受和掌握关于该词的新学知识。高中教师必须了解课标对于初高中词汇的不同要求，带领学生弥补初高中教材跨度所导致的学生知识层面的空缺，从而更好地进行词汇教学的衔接。

（二）注重教学理论的更新和运用

师者，所以传道授业解惑也。我国古代伟大的思想家韩愈指出：教师是传道者、授业者、解惑者，但随着现代各种学科的科学教学理念的发展，作为知识传播者的教师应该意识到，传统的教学模式已被打破，现代教师必须改变传统的教学形式，转换角色，以适应时代发展的要求。根据"课标2017"的要求，要改变传统的教育理念和教学模式，教师就应该在教学的过程中充分发挥学生的主体性作用，把课堂交还给学生，在教学活动中积极倡导对学生的启发式教育，引导学生积极地提出问题和重难点，并适当地拓展教学内容，举一反三，不断促进学生发散思维能力的提高。

词汇是语言的基本单位,其在语言学习中的重要性不言而喻。教师词汇教学观念的更新,也是新课标要求中必不可少的一部分。更新教师的词汇教学观念重在建立以学生为主体的词汇教学观,以学生为主体的教学也是现代英语教学的核心理念之一。以学生为主体的词汇教学主要体现在三个方面。首先,教师要关注学生的心理变化。对于刚入学的高一新生来说,不能在短时间内适应新的学校环境、新的老师、新的同学和新的生活,容易使他们产生不安、迷茫、浮躁的情绪,自然就导致他们无法适应高一的英语词汇学习。甚至有些学生会觉得初三的学习太累,到了高中该玩一玩、歇一歇了,对高一上学期的学习没有引起足够重视。这时,就需要教师扮演好心理师的角色,了解学生的心理变化,满足学生的心理需求,帮助学生树立正确的学习态度。其次,教师要关注学生的个体差异。学生的学习存在个体差异,在不同的学习阶段也有着不同的身心特点,每个学生都有其鲜明的特色。所以,在教学的过程中,教师应尊重学生的个体差异和学生在不同的发展阶段不同的身心特点,避免在教学词汇上采用"一刀切"的方式。如果对待所有学生都采取同一种教学方法,对待同一个学生在初高中两个不同的发展阶段的词汇教学方法也一成不变的话,我们的词汇教学就很难达到效果,学生也会学得很吃力。所以,在进行词汇教学时,对于理解能力和接受能力都有一定提高的高中学生来说,教师可以适当进行一些扩充,让学生在理解词汇的基础上学会运用,这也是新课标关于发展和培养学生的语言能力的要求。最后,教师要以学生的发展为教学目标。"课标2017"提出,英语课程的总目标是通过培养和发展学生的语言能力、文化意识、思维品质和学习能力等学科核心素养,培养具有中国情怀、国际视野和跨文化沟通能力的人。然而,在实际的词汇教学过程中,少数教师只想着应付考试,把中高考中容易考到的词汇"满堂灌式"地教给学生,而忽视那些在现实生活中很有用但在考试中出现频率不高的词汇。无论是在高中还是初中,除了课标词汇以外,教师还应该引导学生体会词汇间的文化韵味,在初中学习词汇时也可以适当扩展,与高中稍作链接,减轻高一新生入学后的词汇学习的压力。

(三)加强与初中教师的交流与合作,调整词汇教学策略

根据教师访谈情况,本校教师基本都是各自为政,各自负责自己的教学,教师与教师之间缺乏必要的交流,对初中阶段的英语教学更是知之甚少。初中和高中是两个不同的学习阶段,词汇教学的内容和策略也不尽相同,所以虽然初高中英语任课教师都是在教英语,可是所使用的教学方法也大不相同。为了做好初高中英语词汇教学的顺利衔接和平稳过渡,高中英语教师有必要主动去了解初中词汇教学。我们应该积极了解初中英语词汇教学的状况,并通过研究初中教材、听课、访谈、调查问卷等多种途径来了解、掌握初中英语词汇教学的问题。此外,我们还应认真听取初中英语任课教师对于英语教学的不同看法。

初中阶段的词汇教学只要求学生掌握常见词汇的基本含义,理解课文大意,提高学生学习英语的兴趣,而高中阶段的词汇教学则侧重于英语词汇的运用,如八级目标对学生词汇的要求是:掌握词汇的深层意思,理解词汇的文化内涵,灵活运用词汇来表达意图、态度等,结合具体语境运用词汇进行有效交际,养成主动学习的词汇学习策略和自主学习的意识。所以,在初中进入高中的这一衔接阶段,由于词汇教学的要求和任务的不同,教师必须及时调整词汇教学的策略,才能帮助学生更好地进行词汇学习。教学有方法,但教学无定法,教师教学策略运用得是否得当直接影响着教师的教学效果。因此,教师应采取多种形式来进行教学,还要尊重学生的个别差异,根据学生的基础和特点提出不同的词汇学习要求,引导学生在词汇学习中形成和保持积极的学习态度,并给予学生适合他们的词汇学习策略辅导。

二、多形式词汇教学方式

大部分高中教师的词汇教学方法单一且传统,不符合学生的个体差异和不同阶段的身心特点和学习情况。教师应采用不同的形式来进行词汇教学,促进

学生学习能力的提升。教师可以从强化语音教学和通过构词法扩大词汇量这两个方面来开展词汇教学。

(一)强化语音教学

语音和词汇在英语学习和教学中相辅相成,相互促进,是高中英语教学的基础知识,不可分割。音标在词汇学习中具有重要意义。学生要想学好词汇,就必须要掌握好语音知识,进而由此提高学生的词汇自学能力,使学生能够在交际应用中熟练使用词汇。正确且流利的发音训练不仅可以让学生准确传达词义,还能提高学生对词汇的多元应用能力,比如读、写等。然而在调查中我们发现,较多学生基本不认识音标或不关注重音位置,甚至根本不会使用音标拼读单词,部分学习较好的学生具有一定的音标学习基础,但能够准确拼读全部音标并正确读出词汇的学生少之又少。在这种情况下,学生往往只会跟读、模仿读词或句子,很难跟上高中英语的学习进度。最终,学生鹦鹉学舌,教师吃力不讨好,学生的兴趣就会逐步消耗殆尽。所以,语音教学是初高中英语词汇教学衔接中不可或缺的部分。学生应当全面了解英语发音的基本内容,包括重音、语调、连读、节奏等;在日常英语表达的过程中,学生也要保持语音语调的正确自然与流畅。[17]此外,学生还需要具备根据重音关系以及语调变化来判断句意与作者意图的能力,以此了解作者的态度。在初中阶段,学生需要达到"义教课标"的五级要求标准,而高中学生则要最终达到七级要求标准以上。这就需要学生能够准确通过语音语调辨识语句中的隐藏意图,同时还要根据语音辨别并书写出不太熟悉的词汇。教师可以从以下三个方面进行语音教学。

首先,教师应先教会学生熟练掌握48个国际音标,使学生能够按顺序认读、简单拼读和默写,甚至可以组织班级上几个学得好的学生对每个学生进行朗读音标的过关检测。教师要意识到,在高中阶段的语音教学并非简单地反复练习,而是要让学生找到单词的读音、句子重音、意群以及语调与节奏之间的深层联系,能够以关联性生成记忆。这样既可以提升学生记忆的实效性,又可以促进学生的语用能力。其次，教师应进一步提升学生对字母、音素以及音标之间关系的重视程度，让学生逐步掌握拼读规则，进而形成单词拼写意识。拼写意识指的是学生通过音标或读音即可拼写出不熟悉的单词，同时也能根据单词拼写准确读出单词的读音。最后，教师应多让学生听英文原版材料或观看原版电影、欣赏英文歌曲等，避免将语音教学局限于课堂与书本之中，要借助更多的途径让学生模拟准确的英语发音，学会辨音，并在朗读与对话中准确练习，以此达到更好的语音掌握水平。“哑巴英语”一直是我国英语教学中无法避免的现象之一，大部分教师也为此做了很多努力。语音学习不仅可以帮助学生们提高口语能力，摆脱“哑巴英语”的魔咒，还能帮助学生建立自信，科学记忆单词，巩固和提高记忆效果，提升英语学习的兴趣。

（二）通过构词法扩大词汇量

如果说语言是一面墙，那么词汇就是垒砌墙的那一块块砖。一个学生词汇量的多少，一定程度上反映了他对于语言的掌握程度。在高中英语学习中，虽然学生需要掌握的词汇较多，但其词汇内部存在一定的学习规律，因此教师可以通过教授构词方法来指导学生突破词汇学习与记忆的障碍。教师可以在词汇教学的过程中融入构词法的相关知识，让学生掌握词汇构成的方式与形态。构词法一般分为转化、派生与合成三种，其中转化主要针对词性的变化，可以让学生依据词性的变化找到其实际应用的规律。比如单词book，在用作名词时主要有“书，书籍；练习本；赌注，记录”等含义，而作为动词时则有“预定，预约；立案；记名警告”等含义。在初高中阶段，派生法中最常见的是词缀法，通过增添前缀或后缀来构成新的单词。同一词根在形、音、义上基本相同，但同组同根词的前缀或后缀不同，词义和词性就会发生变化。比如，加前缀un-、dis-、im-等就会构成反义词，加后缀-ment、-ty等就会构成名词或副词。在英语词汇大家族中，70%的单词可以通过“词根+词缀”的方式来进行记忆，因此掌握派生法是扩大词汇量的一大关键。合成法也可以有效帮助学生拓宽词汇量。在日常教学中，教师可以引导学生采用归纳总结的方式将所学的词汇进行分类，把具有紧密联系的词汇纳入一个关联记忆小组，以此帮助学生更快地掌握一个单词集群。这样也能够有效避免学生混淆单词。一般教师可以采用这三种构词法进行分类，也可以根据同义词、反义词、同音异形、形似词汇等建立分类，以提高学生的记忆效率。

三、培养学生的词汇学习策略和学习习惯

根据我们的调查和访谈记录，在初高中教学衔接过程中，大部分学生并不重视词汇学习策略，且词汇学习的习惯较差。作为初中的延续和高中的序曲，初高中英语衔接阶段的词汇学习要求学生掌握初高中教材都没有涉及但高中又切实需要理解的部分词汇和相关语法知识。学生学习习惯和学习策略的缺失会在一定程度上加深他们对高中学习的畏惧和厌倦，因此教师应帮助学生制订词汇学习规划，并坚持执行计划、自觉完成计划。教师应合理监督和考核学生词汇学习的自主执行情况，培养持之以恒的自主学习习惯和学习能力。学习方法是衡量学生自主学习习惯和学习能力的重要指标。教师应帮助学生养成良好的学习习惯，进一步提升学生的学习能力。教师对学生进行学习方法的指导，其实是在加速学生内化，是学生知识形成的一个过程。只有对学生进行学法引导，使其逐渐形成词汇学习习惯，才能提高学生的学习功效，从而达到完美的效果。学习策略和学习习惯相辅相成，相互促进。学习习惯是一个反复练习的过程，经过反复练习形成自动化学习的一种行为方式。良好的学习习惯会激发学生的内驱力，形成良好的学习策略，从而提高词汇学习的效率。此外，良好的学习习惯也会使学生终身受益。

我们认为，可以从两个方面来培养学生在初高中词汇衔接教学中的学习习惯与策略。首先，培养学生使用英语词典自主解决词汇上的疑难问题。根据我们的观察，班里大部分学生都有英汉词典或英英词典，但在实际的学习过程中

遇到生词时，只有极少数的学生会借助工具书来解决问题。大部分学生要么跳过生词不管，要么随便填写答案。这对学生的学习是非常不利的。因此，教师要帮助学生形成查阅词典的习惯，而且要求学生使用《牛津高阶英汉双解词典》或《朗文当代英语词典》等，通过英英释义和例句进一步在语境中学习词汇。学生形成自己解决问题的习惯后，教师的很多教学活动就会事半功倍，学生也能学有所得[18]。其次，教师应该注重引导学生预习和复习，帮助学生养成自觉学习和自主学习的习惯。因为在进行课前预习的过程中，学生能提前了解即将要学习的词汇。教师要教而自己会的学习内容会使学生信心大增。同时，提前预习内容后，学生的注意力会更集中，学习效率也就相对更高。具体做法是，教师针对预习提出明确的要求，并检查学生的预习情况，督促学生养成良好的习惯。课后复习也同样重要，遵循记忆规律的课后复习能进一步强化认识、理解及巩固词汇。同样，教师要引导学生制订词汇复习计划，明确词汇的学习目标和复习巩固的要求，随时以多种方式检验学生的复习效果，最终形成良好的词汇学习习惯。课后复习的形式应该多种多样，除了通过听写和默写的形式来巩固词汇之外，也可以采用诸如单词接龙、十字格、看图拼写、词汇应用填空等形式。

第五章
初高中英语阅读衔接教学策略

第一节　初高中英语阅读教学差异对比及衔接策略分析

一、初高中英语阅读教学差异对比

1. 教学内容存在差异

阅读技能是英语学习中的核心内容，也是学生提升个人技能和综合素养的必备技能。做好英语学习过程中的衔接工作是非常重要的，但影响初高中英语阅读衔接的因素非常多，首当其冲的就是初高中阶段的学习内容跨度有着一定的差异。初中英语教材一般较为简单，学习内容大部分为一些基础知识，学生在学习过程中的压力也不会很大。高中的学习则更多是对基础知识的一种深化，将知识看作教育资源进行深入学习，因此教师不能再使用传统的教学方式来实施教学。教学内容存在差异也使学生在学习过程中会有一些排斥的感觉，影响学生英语学习的信心。

2. 学生的学习兴趣存在差异

初中学习的阅读文本一般是内容较为简单、结构较为松散的短篇阅读，其中的词汇和语法的联系也比较紧密，学生的学习兴趣通常会很高。但是进入高中之后，英语阅读学习中经常会遇到篇幅特别长的文章，而且涉及的知识面也越来越广，难度的增大使得学生的学习信心和学习耐力大大下降。因此进入高中英语学习后，学生的学习兴趣普遍会陡然下降。

3. 学生的学习习惯存在差异

学生的学习习惯也是影响初高中英语阅读教学的重要问题，因为初中时学生阅读的多为比较简单基础的内容，学习压力不大，学生在学习时通常感到轻松愉快，也很容易接受课堂知识。但是对于高中的学生来说，英语课文一般篇幅都很长，生词也特别多，很容易让学生在学习过程中无法适应。同时，初中阶段不良的学习习惯也无法支撑高中的英语学习和阅读，学生在学习过程当中更难以提升学习效率。

4. 学生的学习技巧存在差异

对于初中的学生来说，学习英语是比较简单的，不需要过分强调某些学习技巧，只是简单地记忆和背诵就可以较好地应用初中所学的词汇和语法。高中学习阶段因为要理解篇幅更长的文章，同时深入地学习更多的词汇，学生在学习过程中难免感到压力倍增。在初中较为简单的学习环境中，学生通常不注重对英语学习技巧的探究，导致学生在高中学习过程中没有得心应手的学习技巧，造成学生在高中学习中感到障碍重重。

二、初高中英语阅读教学衔接策略分析

1. 重视内容衔接

英语学习过程中学习内容的差异会让学生在学习过程中产生一定的排斥感，所以如果高中教师想要在提升学生学习基础的同时，帮助学生深入地学习高中英语的知识技能，首先就应该深入了解初中课本的内容，从而做好良好的内容衔接。例如，高中教师可以通过大量阅读初中教学课本或初中文章来了解语法结构以及文本内容，精细地制订适合学生学习的课堂教学内容。其次，高中教师要摒弃传统的教育观念，灵活地将高中课本以及初中学习的基础材料相结合，让学生在回忆起初中知识的基础上，更轻松地面对高中英语内容的学习。

2. 注重学习兴趣的提升

学生的学习兴趣也是初高中阅读教学中非常重要的一项引导内容。对于初中学生来说,他们所学习的英语知识内容较为基础、较为简单,所以学生对英语学习的兴趣非常高。高中英语学习阶段,教师应该借助这良好的兴趣来进一步提升学生的高中学习。初中学生对学习的好奇心让他们在学习过程中不存在过多的压力,愿意积极主动地去学习。高中学习过程中,因为涉及的单词量越来越大,同时知识的宽度和广度也日益增加,使学生在学习过程中感受到一定的压力。这种情况下,教师就可以联系学生的实际生活整合一些有趣的学习材料,让课堂变得更生动活泼,例如创建一些情境课堂或情感体验等来让学生更深入地感受英语学习的魅力和英语学习的轻松愉快。

3. 注重学习习惯的衔接

学习习惯的衔接也是初高中衔接过程中一个非常重要的问题。良好的英语学习习惯可以直接影响学生的英语学习效率。在高中教学过程当中,相应地,英语教师应该培养学生良好的学习习惯,例如在背单词时不应该存在压力,应设置短小的目标分批进行背诵;在阅读时需要按照阅读目的分为精细阅读和快速阅读,在精细阅读的过程中应仔细查阅,不要怕浪费时间,并且研究自己感兴趣的内容或单词,而在做快速阅读的时候不是所有的单词都需要掌握。教师还应设法减少学生的学习压力,让学生养成独立学习、快速学习的好习惯,让学生享受学习,并且在完成阶段性目标的过程中培养学习的自信心,实现良好的学习习惯的衔接。

4. 注重学习技巧的掌握

学习技巧的掌握也是初高中英语学习过程中的重要一环。英语的学习不单单是背单词,更需要深入地去理解每一处语法的使用,最终目的是提升学生的个人学习技巧。教师应在阅读教学中帮助学生充分理解每一个短语和词组,帮助学生完成单词理解和词语词组理解等训练,让学生在学习过程中全面发展、全面成长,而不是单单为了应试死记硬背。在阅读教学中,教师可以帮助学生做一些简单的阅读理解，让学生在教师引导下逐步掌握阅读技巧。学习词汇时，学生可以直接查阅字典，教师也可以提供一些例句，让学生对例句的上下义进行分析，从而提升学生的学习信心，提高学生的学习能力。另外，讲到重点知识点时，教师还应提醒学生反复记忆，而不是粗略地带过，直接将记忆和复习的任务丢给学生。

英语阅读技能是学生成长阶段非常重要的基础技能，尤其对于我国的学生来说，初中阶段到高中阶段的英语阅读衔接非常重要。高中阶段的英语教学与初中阶段的英语教学有着非常明显的差异，为了让学生能够在高中学习阶段更好地适应高中学习的强度，全方位地帮助学生提升英语学习质量，教师应充分考虑英语学习的衔接问题，科学地帮助学生进行高效的学习衔接，让学生在学习过程中提升学习信心，做好初高中学习之间的心态转换，提升英语学习的实际质量和效果。

第二节　初高中英语阅读衔接教学中存在的问题及其成因

一、学习环境不同

在调查中我们发现，近一半的学生需要一个月的时间才能适应高中的学习，超过一半的学生需要两个月才能适应，甚至有学生两个月不能适应之后就逐渐失去了学习的兴趣和动力。诚然，学生完全适应了初中英语阅读学习的方式和环境，初中教师的教学方式也很清晰地在脑海里回荡。但是进入高中之后，全新的教学环境、新学校的管理方式、新老师的教学风格与教学方式，班级氛围、教材体系、教材难度等都和初中有很大不同，这让很多学生感到难以适应。虽然学生经过中考的洗礼，都具备一定的学习能力和知识基础，也向往高中的学习生活，自然也想要一个良好的高中开端，但这种情况下学生难免心有余而力不足，稍微跟不上之后就开始怀疑自己，逐渐产生挫败感，担负较重的心理压力，慢慢变得自卑甚至放弃学习，即使后面再努力学习也只是表面上的自我安慰，效果不佳。

因此，高中高一起步阶段的衔接显得尤为重要。开始时教师可以考虑营造初中学习环境的影子，逐渐过渡，做好衔接。比如，介绍初高中教学异同点、介绍阅读理解考法学法、例谈高中英语阅读课文教学方式等。

二、教学目的不同

在调查中我们发现，谈到英语阅读时，47.9%的高中学生认为就是完成老师布置的阅读任务，25.8%的学生有明确的阅读目标或者较强的阅读能力。58%的教师将教学目的主要设定在学生能够在考试中取得好成绩，39.7%的教师的教学目的主要是培养学生英语学习兴趣和提高学生英语学习能力。

由于初高中英语阅读目的不同，在阅读材料的选取上也存在较大差异。“课标2017”提倡广泛阅读可以让学生体验更丰富的语篇文体，如对话、小说、传记、新闻报道和报刊文章、网络媒体的代表性文章等，使学生逐步养成良好的阅读习惯，通过阅读发展阅读能力，通过阅读学习语言和人文、科学知识，通过阅读拓展思维，通过阅读提高审美、鉴赏和评价的能力。同时，“课标2017”对课外阅读活动也提出了明确的要求：教师应积极创造条件，鼓励和指导学生开展好课外学习活动，确保三本必修教材阶段每周的课外阅读量不少于1 500词，总量不少于4.5万词。而根据选择性必修课程阶段对课外阅读量的要求，教师要引导学生将课内学习与课外学习有机结合，确保每周的课外阅读量不少于2 500词，总量不少于10万词。为此，教师要积极与学生共同开发更为丰富和更有价值的学习资源，鼓励学生开展自主学习、合作学习和探究式学习。笔者认为，除了高考之外，高中阶段学生阅读的一个重要目的是拓宽学生视野，让学生养成喜欢阅读的习惯，能自觉阅读课外有益的读物，为未来发展奠定基础。

三、教材设置不同

仍以人教版教材为例。初中英语教材每册书大约有十个单元，每个单元有两个小节（section），其中Section A大体按照听说、阅读、语法编排，Section B按照听说、阅读、写作编排。附录则包括Notes on the Text, Tape Scripts, Grammar, Words and Expressions in Each Unit, Vocabulary Index, Irregular Verbs等六个部分的内容。总体来说，各单元涉及Topic，Functions, Structures, Target Language, Vocabulary, Recycling。

高中英语教材学生用书的教学单元以一个中心话题为基础，设计有Theme, Listening and Speaking, Reading and Thinking, Discovering Useful Structures, Listening and Talking, Reading for Writing, Assessing your Progress和Video Time八个部分。在教材正文之后，各个单元都附有一个Workbook，这一部分又分为Using Words and Expressions, Using Structures, Reading, Writing, Expanding Your World等五个围绕单元主题进行的练习和语言交流活动等。附录（Appendices）部分则包括单元Notes（注释），Grammar（语法），Words and Expressions in Each Unit（各单元生词和习惯用语），Vocabulary（词汇表—按照字母顺序），Irregular Verbs（不规则动词）等五部分内容。

四、教学方式不同

虽然初中和高中阶段都是基础教育阶段，但是高中和初中在教学内容、难易程度、教法学法、目的意图等方面都有较大差异。初中更多的是反复操练、涉及识记较多，词汇更多的是考查基本意思，考查熟词生义较少，细节理解方面信息查找比较多，文本理解较少。学生只要掌握1 500～1 600个词汇，200～300个常见短语，中考英语成绩一般都可以拿到一个满意的分数。高中则完全不同。高中英语教师不仅仅要完成各种课型的教学任务，引导学生学习较为复杂的结构和句型，完成不同的练习，更需要培养学生的阅读方法、学习方法，从而提高学生的英语学科核心素养，为学生的未来英语学习创造条件。[19]高中英语强调读写能力，教材中有大量复杂的长难句，学生需要理解英语语言体系，培养良好的读写能力，采用正确的方法和策略，提升自主理解，培养学习方法。同时，高中教材各单元中设置有小贴士，通过提醒的方式帮助学生采用正确的方法策略完成学习活动。出于对高中学生读写能力要求的提升，教材中的语篇更多为英语原著节选，其中不乏复杂的长句子，这就要求教师必须转变教学方式，让学生逐步具备自主理解、多元切入、难度简化的学习方法。

初中英语教材中的内容相对较少，知识的呈现方式也比较单一，因此，教师可以慢慢讲解，力求全班学生都能掌握重点知识，并对词汇、语法、句型等内容建立深刻理解。但是在高中阶段，由于教学内容更多、知识的综合性更强，且部分学校教师还要采用全英文授课，这就使得教师必须以精讲精练为基本教学原则，由教师引领学生解决重点问题，而学生自主解决次要问题。这对学生的自觉性提出了更高的要求。此外，高中英语还需要学生具备举一反三的学习能力，能够在教师的引导下掌握剖析句子结构、判断时态与语态、根据上下文猜读生词语义、推断文本段落内涵等能力。英语高考命题在逐步向考查学生综合能力的趋势发展，因此高中学生必须摆脱初中阶段的学习方式，才能进一步提升自己的学习水平，达到满足高考要求的层次。而教师也必须强化学生的语用思维与学习习惯，让学生打造扎实的基础。

五、能力要求不同

初中学习是围绕中考进行，教师不了解高中教材，不了解高考要求，容易忽视对学习能力的培养。而高中阶段学习内容多、难度大，教师必须培养学生的自主学习能力和归纳反思能力。

从学生的学习过程来看，初中多为机械性训练，阅读量较少，难度较小，表层意思居多，对阅读理解能力的要求相对较弱。而高中英语整张试卷都和阅读能力息息相关。因此，高中教师很重视阅读能力，投入大量时间进行阅读训练，逐渐适应高中学习需求。高一英语学习本身具有承前启后、有机衔接的重要功能，因此师生都需要优先考虑衔接教学。

六、泛读要求不同

“义教课标”针对初中学生的课外英语阅读积累有着明确的要求，学生应该阅读教材以外的累计15万词以上的课外读物，同时也要求学生能够读懂提供给初中生的较为简单的英语读本、报刊与杂志等，能不受生词影响而理解文章大意。“课标2017”规定，高中学生除教材之外，还需要阅读累计30万词以上的课外读物，同时又通过级别规定了学生的能力要求，比如课标要求学生能阅读符合他们阅读能力的英语杂志、报刊等读物；八级目标则需要学生具备在教师辅助下阅读赏析较为浅显的英文文学作品的能力；九级目标需要学生能读懂各类商品的说明书等非技术类的英文材料。[20]

初中阶段对课外阅读的要求较低，主要以能够完成教师布置的任务为主，而且生词量不是太大或者不会对阅读造成障碍。但进入高中阶段后，在课外阅读时，六成以上的学生都是需要依靠参考资料或词典等资料完成阅读学习，这种习惯影响了学生良好阅读习惯的养成，也阻碍了学生阅读水平的进一步提升。由于能力不足，学生不喜欢阅读，课外阅读时间减少，加之阅读的渠道单一、资源缺乏、材料难懂，造成学生厌恶阅读。调查显示：七成以上的学生缺少课外阅读，主要是以做阅读练习的方式替代阅读，这无疑会影响学生的英语阅读能力。

第三节 初高中英语阅读衔接教学改进策略

对学生、初中教师、高中教师三个不同群体的调查和访谈直观地展示了他们对衔接阶段英语阅读教学的看法。初高中英语阅读跨度太大,如何做好衔接阶段的阅读教学,顺利完成过渡?笔者认为,这一过程既要有教学观念的衔接,也要有教学策略的衔接,最后才是知识的衔接。师生共同努力,应用以下阅读衔接教学改进策略,才能更好地解决初高中英语衔接问题,帮助学生学好高中英语。

一、积累外语知识

语言既是文化发展的载体,又是展现文化的镜子,语言和文化之间有着必然的联系。每一种语言都无法脱离这样的规律与特征,即每一种语言的形成与发展必然都建立在其社会文化与历史发展的基础之上。因此,在英语学习中,尤其在阅读学习中,学生必须建立良好全面的文化背景知识基础,才能真正理解语言的文化色彩与内在含义。这些文化背景知识包括国家历史、文化典故、日常礼节、风俗习惯等。而以汉语为母语的初高中学生在进行英语阅读时,如同一次跨文化交际的过程。学生所面对的文本内容采用了学生不熟悉的语言,而这种语言又展现和反馈了英语文化的特征与色彩。这种微妙的关系使得学生必须充分了解英语国家的风土人情、社交习惯、政治文化、历史背景、生活习俗等,才能在阅读过程中更快、更精确地理解其文本含义,才能提升阅读的速度与效率,才能保证阅读体验中的正确判断与合理推理。我们知道,文本的阅读理解能力取决于学生自身的英语基础,同时也取决于学生的常识认知与思维意识。恰当的背景知识可以帮助学生深化理解,进而感受到文本的深层情感,这不仅可以提高学生的阅读收获,还能促进学生的阅读兴趣,对学生阅读能力的长期发展至关重要。所以,我们从高中一开始就应从多方面积累外语知识。

(一)背景知识渗透

课堂是教学的主阵地,也是渗透英语背景知识的主要场所。因此,在课堂教学中,要有意识地渗透英语背景知识,在衔接阶段尽早渗透,效果会更好。根据学生的年龄层次、心理特点、知识基础等,教师可以采取不同的教学方式。教师可提供一些英语国家背景知识、社会常识和风俗习惯,利用课文标题、主题页、插图、阅读理解相关背景知识等,引导学生了解背景信息,挖掘潜在背景内容,也可以通过知识问答进行当堂检验。

(二)背景知识训练

阅读理解能力与学生的兴趣、志向、意志及材料的难易程度等非智力因素密切相关,还由学生所掌握的相关材料的背景知识所决定。教师可从初中开始培养学生主动地去搜寻阅读材料的相关背景,这个任务不必每篇都做,只挑热点话题文章即可。在高一第一学期的后半学期,教师要由自己介绍背景知识转变成让学生查询,训练学生通过上网搜索、阅读大量书籍等各种途径,吸收更多的信息,逐步使之转化成自己的知识。刚开始教师可以一周布置查找一两篇文章的相关资料,逐渐增加数量。慢慢地,学生会体味到其中的乐趣。例如:在学习 The Olympic Games 这一单元时,进入正式学习之前,笔者给学生留了一个作业,即查找奥运会的相关信息。尽管每个人都很熟悉这一话题,但对其历史并不见得了解。通过这一作业,可以让学生尽可能翔实地掌握奥运会的有关历史。经过检验,学生对此有了不同的了解,而且延伸了很多知识。奥运会的发源地及由来、奥运会的举办经过、奥运会的分类及相关的比赛项目和规则、如何申办奥运会、各国举办的次数及盛况、中国举办的盛况、各届比赛中各国的表现及中国的表现、各个项目的发展历史、各国的优劣势、我国各个项目的比赛成绩及发展历史、希腊的文化及风土人情介绍、几个运动强国的介绍、历届比赛情况等。

（三）增强背景知识意识

课堂学习的时间有限，学生必须通过自主学习完成教师布置的学习任务。教师的教学设计与任务布置是以大多数学生的能力水平为基础展开的。因此，学生要想达到更好的学习效果，获得更宽广的知识面，就要学会自主学习。教师则需要培养学生的自主学习意识。尤其在高一阶段，教师必须有效落实前两个措施，全面提升学生的自主学习意识。当学生具备自主学习意识后，在日常学习与生活过程中，学生就会形成一种无意识地学习与积累的习惯，将所接触到的信息与资料潜藏在心中。学生在阅读过程中遇到相似问题时，就能不由自主地形成对应关系。这对学生的知识吸收和兴趣保持会产生积极的影响，对学生的自信建设也有重要作用。众所周知，知识都源于生活，高中阶段很多阅读理解材料都与日常生活常识有关。教师要让学生意识到这个问题，促使学生学会观察周边的事物，由此形成积累。学生的知识积累不足时，就需要教师在课堂学习前为学生提供必要的背景材料，帮助学生建立更好的阅读基础。

二、掌握阅读策略

（一）养成良好的阅读习惯

在初高中阶段，学生的学习动机与成果之间具有循环因果的关系。学生的学习成果越丰富，其动机就会越强烈，而学生的动机越强烈，就越容易获得成果。因此，在教学过程中，教师应充分激发学生的学习动机，以此促使学生自主完成语言知识与文化背景的深度学习，并积极参与各类交际活动、社团活动等，让学生在生活之中也能为英语学习奠定基础。教育家皮亚杰多次强调，所有智力活动都需要建立在兴趣的基础上，这足以证明兴趣在教育中的关键性。所以，教师要引导学生养成良好的阅读习惯，以保证高效的阅读学习。

在教学实践过程中，教师会发现学生的阅读速度受到诸多错误习惯的影响,比如指字阅读、吐字无声、有声阅读等。这些习惯会使学生在阅读过程中,大脑除了需要接受阅读的内容,还要对其他刺激信号进行反馈与加工,进而影响了信息获取的效率。还有部分学生在阅读过程中会摇头晃脑,眼睛也会出现停滞,甚至时常眼停过频或回视。这些不良习惯分散了学生的注意力,也影响了学生的阅读理解效果。叶圣陶先生对良好习惯有着诸多赞誉,认为好习惯可以让人受用一生。心理教育学家林德伦则通过调研数据给出了更直观的结论:能促使学生学习成功的因素占比分别为良好习惯30%,兴趣基础25%,智力因素15%,家庭影响5%,其他因素25%。[21]由此可见,习惯是学生成长过程之中最关键的影响因素之一。

在英语衔接阅读教学中,良好的习惯对学生适应高中阶段的英语课程有着更好的激励作用,进而可以达到缩短衔接学习过渡过程的效果。因此,教师必须关注学生阅读习惯的培养,通过为学生提供多元化的阅读指导与规范,让学生在实践中逐步形成习惯。

1. 课前预习

初中课文相对较为简单,课前阅读主要是学习一下单词,没有过多的其他要求,所以大多数学生不清楚如何有效进行预习。高中教师要引导学生首先意识到要有预习的习惯,然后以学习生词、通读课文、完成课后阅读理解问题等方式完成预习。教师务必引导学生建立预习是阅读教学的重要环节的意识,并系统指导学生深入领悟预习环节。学生也可以通过阅读文本、归纳大意、完成文本后的阅读理解问题、深度思考文章主题、找出长难句等方法来进行课前预习。

2. 多读多练

高中英语侧重于阅读能力的培养,比初中更难、要求更多。仅仅阅读教材上的阅读文本是远远不够的。教师要引导学生选择合适的课外读物并定期开展汇报活动,另外还要选择各种体裁、题材的阅读材料,及时有效地指导学生,训练学生的阅读方法,改进学生的阅读习惯。

3. 善作笔记

进入高中之后，学生立即意识到初高中英语不管是在教师的“教”上还是在学生的“学”上都有较大的区别。他们能够发现自身的问题并做出适当的调整。学生应做好笔记，查缺补漏，及时巩固。一是记录课堂上的重点内容，二是记下作业中的重难点和错误点，三是记录课外读物中有用的词汇和句子。及时巩固笔记内容，有益于学生快速提高阅读能力。

4. 阅读方式

正确的阅读方式能有效提高学生的阅读速度和阅读能力，但需要坚持不懈才能行之有效。阅读时注意不要指读、有声读、回读，不要摇头、转头、停滞，不要默读，也不要总是停下来查生词。着力于阅读习惯的培养并保持良好的阅读习惯需要学生动脑筋并在习惯上下功夫。一旦形成了良好的阅读习惯，学生阅读遇到问题时往往能迎刃而解。

（二）掌握常见的阅读策略

培养良好的阅读心理是进行有效阅读的前提。阅读时，学生可以借助于大脑中储存的背景知识，对文章进行推测、检验、调整和归纳。建立了心理优势，学生才能对阅读感兴趣，所以教师要注意培养学生的积极的心理状态，适当地转化外语思维方式，养成良好的阅读习惯。但更重要的是，教师要指导学生学会运用相关的阅读策略，帮助学生掌握正确的阅读策略，形成自己的阅读风格，促进阅读能力的提高，产生良好的阅读效果。

教师在高一初学阶段就应该在课内外向学生适当地输送阅读策略和技能，以便学生及时总结初高中阅读策略的异同，做好初高中阅读的衔接工作。这能对提高学生的阅读速度起到积极的作用，并且使学生能自己选择适合的课内外阅读材料。不同的阅读策略可以达到不同的阅读目的，因此，教师要帮助学生了解不同策略的运用方法和所要达到的目的。

1. 略读

高中英语阅读教学常用略读方式(skimming)。略读要求学生快速浏览全文,通过标题、小标题、插图、段首句、段尾句等来预测文章的内容,明确文章的大意。学生对这种预测一般兴趣浓厚,这也会激发学生潜在的相关背景知识。

高一,学生阅读时总用略读的策略,因此,教师要做好这方面的衔接教学。略读要求学生阅读时快速浏览全文,而不是一字不漏地、从头到尾读下去。学生可以在阅读中,通过标题、图片、段落首尾句等来预测内容和结果,明确中心大意。没有主题句的段落,学生可以依靠段落中的衔接来分析和概括大意,获得文章表达的正确信息。根据文章的标题预测内容,能激发学生的浓厚兴趣,也会激活学生脑海中潜在的背景知识,帮助学生透彻理解所读文章。通过抓关键句和主题句,学生能尽可能准确地抓住文章的主旨。例如:在 *The Million Pound Bank Note* 的阅读教学时,学生一看到标题就会联想到"This story is connected with a million pound bank note, and it is a clue to link the whole story and plays an leading role in the story ."事实上,标题本身确实是文章的主题。许多文章也常常在首段提出问题,最后一段再进行归纳总结,往往各段落首句就是该段落的主题句。这类文章适合采用略读方法。[22]

略读常见技巧如下:

(1) 阅读时用普通速度完成。首先阅读前两段,以文章主题为基础,对文本的背景、作者的写作风格以及情感态度等进行了解和分析。

(2) 了解排版与格式的特征价值。比如可以对文章的标题、小标题、图片、标点符号、脚注、斜体字等进行分析,同时在阅读过程中建立猜读意识,结合文章结构、格式和思路,对文章后续的内容提出猜想,并把握其中的细节与关系。

(3) 关注主题句。80% 的文章将段落第一句作为主题句,近 20% 的文章选择尾句进行总结,因此在阅读时要重点关注第一句和最后一句,以更快更准确地掌握文章大意。

(4) 关注关联词前后句意的变化,如转折词与序列词等。

2. 查读

查读(scanning)也称扫读、寻读，是读者带有一定目的、有意识地查找相关信息的快速浏览文章的一种阅读方式。通常学生需要根据教师提出的不同问题，快速扫读全文，获取特定信息，找出问题的答案。比如，在阅读记叙文时，学生需迅速找出记叙文的五要素，who, where, when, what 和 how；阅读议论文时，学生需明确 opinion 和 supporting details；阅读说明文时，学生需找到 topic sentences 和 cohesion words[23]。在阅读中，学生要围绕中心主题，捋清文章脉络，利用各种关联词明确文章内部关联，即文章的编排和层次，比如转折关系、并列关系、因果关系、递进关系，从而提高文章阅读理解的准确性。

有效查读的技巧有：

(1) 寻找提示词信息。在找到相关段落后，可以通过快速略读的方式，找到与问题相关的提示词，进而将寻求的信息压缩在一两句话之间。

(2) 以标题为基础发掘特征信息。在查读过程中，应优先关注文章标题与章节标题，以更快确定所需信息的所处段落，进而缩小信息寻找的范围。

(3) 利用文章结构寻求特定信息。很多阅读资料在排序时会按照字母顺序等规律展开，在寻求特殊信息时可以按照其排序规律进行筛选。

3. 预测

高中阶段对于文章内容的预测比初中要多一些，技巧也要复杂一些。预测(predicting)在阅读学习中具有重要意义。阅读的过程是学生主动探索与理解的活动，必须在不断预测与验证之后修正，由此达到理解的目的。因此，在阅读时需要学生以逻辑关系、语法知识、文化背景等为切入点，对文章的主题、情感、体裁、内容等进行预测，实现对阅读材料的理解。

常见预测技巧如下：

(1) 预测体裁及主题。通常借助标题、插图等进行预测，为阅读进行导向性铺垫。

(2) 预测文章结构。通常进行三个层次的预想。首先预测篇章层次，常用开头、正文、结尾。其次，预测段落之间的层次变化。主要通过文章的写作特点来预测作者的表达思路并确定重要信息的位置所在。最后，学生需要掌握段落的叙述结构和顺序，比如以空间、时间为结构要素，或者采用分类、因果、归纳、演绎、分类及定义等方法。

（3）预测句子结构。学生应该抓主要信息，忽略其他多余的枝节信息和成分，提高阅读效率。

4. 猜读

猜读指在阅读过程中，遇到一词多义、陌生词汇、长难句等时，先不要查阅资料和词典，否则会影响阅读的思路和速度，而是根据语境、主题、构词法、句式结构等猜测其具体含义。

常见猜读技巧如下：

（1）根据构词法识别生词。

英语单词包括大量的合成词，比如 son-in-law，grown-up，man-made，warm-hearted 等。这些词汇由两个自由词素构成，分别掌握两个词素的含义即可猜出合成词的含义。此外，前后缀也是英语词汇构造的重要形式之一，需要学生掌握各类词缀，依托词根与词缀猜出词义。例如：able—ability—inability—disability—disabled。

（2）根据词的定义或修饰词猜测词义。

例如：Sanctuaries are places where it is against the law to hunt birds and animals. 根据 where 引导的定语从句的句意可以判断出生词 sanctuary 的含义。

（3）根据结构关系猜测生词。

在文章中，作者常常会通过一对反义词的对比关系来突出表达效果，倘若其中一个为生词，学生就可以通过语境线索对其词义做出判断。比如由生词前后的 on the contrary，while，but，however 等表示的转折对立关系来推断生词词义。为了避免重复使用一个词，作者也会借助同义词进行替换使用，以突出文章的表达效果。对此，学生同样可以通过 or，like，similarly，in the same way 等过渡词猜出生词的含义。

例1:It is hard to believe that there are some people who like to destroy or spoil beautiful things.

根据该句中的语境可以发现,spoil应与destroy具有相同的意思,因此spoil可以译为“破坏”。

例2:The boy is not stupid; on the contrary, no one could be more intelligent.

以on the contrary为切入口,可以判断出stupid和intelligent意思相反,由此intelligent可以译为“有智慧的,聪明的”。

(4) 根据上下文中的例子猜测词义。

在阅读文本时,学生常常会发现一些连接词如in such cases,for example,such as,namely,that is等。在这些连接词后,作者通常会进一步解释难以理解的名词,有时也会利用括号、冒号或者举例的方式进行描述,或通过破折号引出同位语、通过引号引出范例等。这些都是帮助学生理解生词的重要途径。

例如:There are two types of fat, external fat (fat under skin) and internal fat(fat inside the body wall).

根据括号中的内容,external fat可译为“皮下脂肪”,而internal fat的意思即为“体内脂肪”。

三、调整教学策略

(一) 更新教学观念

要改善初高中阅读教学衔接现状,教师的作用不容忽视。教师的素质和观念尤为重要,教师的能力、素养和魅力都会体现在学生身上。

1. 加强初高中衔接意识

首先,在备课过程中,教师要以教材为基础,重视衔接教学,确立正确的目标,了解学情,激发学生兴趣。初高中教师应互相关注彼此的课堂,交换意见,强化衔接意识。

其次，教师不仅要teach students to learn，还要teach students how to learn。因此，教师必须转变自身的教育理念，将学生的自我发展能力视为教育的核心意图。而这就需要教师掌握更多的方法以推进学生实现how to learn，让学生掌握相应的学习能力与运用技巧。教师要将阅读能力培育作为教学培育中的关键重心，弱化知识的传授过程，同时强调实践应用能力的培育。

最后，教师要积极转变自身的角色身份。传统教育框架限制了教师教育思维的发散，教师必须跳出原有的局限，才能充分接纳新的教育理论，从一名实践者转变为一名研究者，在实践中反思，在改进中优化，最终以达到动态升级的教学效果。与此同时，教师还要弱化自身的主导作用，既要依据学生的能力与需求设计教学活动，又要为学生提供开放式的自主探究平台，让学生主导课程活动的开展，而教师转变为组织与监督的教育辅助者。

2. 重视理论学习

一个好的教师需要理论指导实践，教学没有理论支撑就好比道路没有路灯，就会缺乏正确的方向。重视理论学习的教师会持续提升自己的专业技能，加强理论学习，用理论指导自己的阅读教学。

(1) 学会反思。

一个教师要学会时常反思。华东师范大学叶澜教授曾经指出：一个教师写一辈子教案不一定能成为名师，写三年教学反思则可能成为名师。这充分说明反思在教师日常教学中的重要作用和特殊意义。因此，我们要不断反思、坚持反思，不断积累经验，顺利做好初高中衔接教学。

(2) 注重学习。

活到老，学到老。教师是学生学习的榜样，教师可以通过各种途径增强自己的专业技术能力。首先，教师应多向书本学习，一是英语学科教学专著，二是订阅中学英语的两种核心期刊《中小学外语教学》和《中小学英语教学与研究》，领悟书中的新思想、新方法、新技能、新研究，并在教学中进行实践。其次，教师可通过校外组织、协会、培训班等开展学习，加入一些教学研究组织、协会或各级培训班，向里面的一些优秀人士学习。再次，教师应多向校内同行学习，通过听课关注他们的言行品德、剖析他们成功的秘诀。学习身边的优秀人士，自己也才会变得优秀。最后，教师可进行成果展示，一是上公开课，在准备过程中，会学到很多有益的东西；二是撰写专著或论文，在总结梳理的过程中学习。

（二）采用适当的教学策略

教师的阅读教学策略决定了教师的阅读教学是否成功，也决定了衔接教学是否顺利。初高中英语阅读衔接教学中，教师需要选取正确的教学策略，逐步引导学生科学地运用阅读技巧。

1. 新旧知识同步教学

高一阶段，教师应重新审视并判断学生的学习水平。学生刚刚进入高中阶段时，他们一边要学习高一阶段的新知识，一边还要复习初中阶段的旧知识，并逐步完善学习中的缺陷与不足，适应新的学习环境。学生还要视自身情况处理好新旧知识的关系，课堂上要交融复习，课下要自主补充完善。因此，教师必须提供适当的指导与监督，让学生学会利用新知识与旧知识之间的联系，将初中所学的词汇、短语以及句型等内容拓展到新的知识之上。这样的教学方式不仅可以让学生感觉到新知学习的轻松感，而且能够让学生借助复习的过程辅助新知的关联记忆，由此达到实现衔接学习和促进学习成效的双重目的。

2. 选择适当的阅读材料

初高中衔接的顺利过渡需要教师为学生选择合适的阅读材料，要有针对性、吸引力和达成共情。

（1）趣味性浓。要选符合学生的兴趣、水平或学生经常关注的阅读材料，比如笑话、幽默故事或侦探小说等，使学生享受到阅读所带来的乐趣。

（2）实用性强。阅读材料应贴近社会、现实和学生的学习生活，能反映社会发展和最新成果以及人们普遍共同关心的问题，比如英语时文报纸杂志的文章、网站的最新报道等。学生能够从这些材料中学习到相应的阅读技能、语言表达等。

(3) 难度适中。阅读材料过难会导致学生在阅读过程中注意力分散，同时也难以引起学生的阅读兴趣，从而无法完成有效阅读。但阅读材料也要具有一定的难度，否则会失去阅读训练的效果。因此在选择阅读材料时，教师要注重筛选。一方面，教师要对其词汇量、语法应用、句式、复杂句等问题进行规范，保证生词量少于2%，新句型低于5%，以此保证无障碍阅读。另一方面，教师也则要突出学生阅读技能的可用性，保证学生可以利用阅读策略展开分析并有效达成阅读目标，从而给予学生一定的成就感。

(4) 联系紧密。阅读材料的选择要从多角度切入，以保证其主题内容与课文的联系性；同时也要通过句型、词汇、语法等之间的联系，促进学生听、说、读、写、看等综合能力的协同发展，让学生获得更宽广的拓展渠道。

(5) 体裁广泛。教师在选择材料时还应注意文章的类型与题材，多选择一些科普说明文、报道类说明文和记叙文。内容题材要灵活多变，比如生活常识、研究发现、人物故事、新闻报道等，丰富学生的知识。

3. 运用交互补偿模式

自上而下、自下而上和交互补偿模式是现行的三种教学模式。自上而下的教学模式强调阅读教学中背景知识的作用并且常常采用语篇教学法，运用Pre-reading，While-reading，Post-reading的教学流程。阅读过程中教师主要采取整体阅读教学，首先通过skimming阅读策略弄清楚文章的大意和结构等，再通过scanning理解细节信息，以点带面理解全文，最后学习文中的重点单词、短语、句型等知识。自下而上的教学模式认为阅读其实是一个词语解码的过程，读前先讲解重点单词和短语，读中分析讲解文中的句型与语法，最后再讲语篇的理解。这两种模式各有千秋，笔者认为把两种模式融合起来的交互补偿模式更佳，能根据不同体裁的不同材料选择相应的阅读模式。这样既能扩大词汇量以促进阅读教学，又能通过阅读促进词汇量。同时，这一模式常运用序列图、网状图、星状图、树形图、决策图、结构图、对比图、特征图、学习反思图、事实—观点图等概念图帮助学生理解文本材料，更能全面理解文本脉络、结构和含义。概念图还能将几种阅读教学模式融合起来，如在讲解阅读材料时，教师可以激活相关背景知识、词汇、句型、篇章等知识，运用思维品质解读文本主题、目的和深层含义，培养学生的综合阅读能力。

4. 采用多种阅读教学策略

通过采用恰当的阅读教学策略，可以培养学生的阅读效率和自主学习意识。所以，根据不同类型的语篇和初高中学生的特点，教师可采用如下阅读教学策略。

（1）主题阅读。

学生通过先行阅读课文相关主题的文章，激活学生头脑中已有的图式，并适时归纳总结，激发学习兴趣和背景知识，再开展预测和讨论，读后再次对照，逐步培养学生阅读的兴趣和能力。

（2）互助阅读。

教师可以将探究式学习和合作式学习应用到阅读教学中，让学生通过同伴探究和合作参与阅读活动来有效提高词汇量和阅读能力，比如读前分工合作查找相关资源，读后共同探究主题，升华主题意义，实现深度阅读等。

（3）自主阅读。

教师可鼓励学有余力的学生选择课外阅读材料，如原著或自己喜欢的材料等进行自主阅读。学生也可以专门选取自己不擅长的文章进行阅读，在这种泛读中得到锻炼，从而使阅读能力得到提升。自主阅读后，教师可组织学生分享阅读的材料或资源，并分享读后的心得、感受和成就感。

四、制订评价机制

阅读教学中的评价机制考量的是学生对阅读材料进行分析和综合理解的

能力。教师要以学生的综合运用能力为培育目标，而评价体系与方式的改革对这一目标的达成至关重要。所以，教师要在阅读教学中引导学生学会评价自己的阅读掌握情况，学会调整自己的阅读策略。

新课程改革促进了评价方式与内容的改进，"课标2017"坚持以人为本的评价原则，并从学生的学习结果与学习过程两方面切入，对学生的学习态度、参与积极性、努力成果、兴趣基础、自信心等展开评价。英语教师必须推动评价内容与方式的升级转变，使其符合教学内容的基本要求。

当前的评价制度仍建立在教师为中心的基础上，而教材是核心，考试则是评价的基础标准。这种评价方式忽略了学生的精神世界，比如方法策略、兴趣爱好、目的态度、方法策略和文化意识等对他们学习的影响，所以很难提高、促进和激发学生的英语学习动机。因此，教师需要用形成性评价机制来促进学生的发展。在评价设置过程中，教师要建立全面的评价视角，采取客观的方式记录学生的学习过程，并通过学生反思与教师总结来提升学生的学习效率。评价内容方面，教师应从以学生成绩、个性化学习记录、思想品格表现、社会实践经历等几个切入口介入评价。此外，教师还应鼓励学生积极参与到评价机制的制定中，让学生更愿意根据评价而展开反思活动，反思自己在高中英语阅读学习中的收获、优势、问题、困难、改进措施以及学习态度和阅读能力。同时，初高中教师应相互探讨评价方式，增加评价的趣味性、激励性、灵活性和实效性，让学生顺利度过衔接期，尽快熟悉高中英语教学评价标准和评价方式，并通过多元、主体、开放式的评价来促进和增强学生的发展，做好初高中的衔接。[24]

第四节　在核心问题指引下开展高中英语阅读教学

在大力提倡素质教育和核心素养教育的当下，英语教学的转型却并不顺利，各阶段英语教师仍旧存在沿用旧的教学模式的问题，这对学生的英语学习效率产生了一定的消极影响。在旧的教学模式中,英语教师着重强调词汇的重要性,使得学生也树立起了过度重视词汇的英语学习观念,这种观念尤其会对高中阶段学生的英语学习效率带来较大的负面影响。高中英语教师在教学过程中需要转变自身观念,提高个人教学水平,带领高中学生深入探索英语语篇,真正掌握英语的各种知识,在阅读中明确不足、不断提升。而在上述过程中,高中英语教师也能够实现英语阅读教学和英语整体教学效率的提升。

一、何为核心问题

在核心问题指引下开展高中英语阅读教学,首先需要教师带领学生明确阅读篇章中的核心问题,以此作为学生探究所阅读文本的一把钥匙,在核心问题的指引下掌握文本所要传递的信息,并且明确其中蕴含的重要知识点,完成一次知识探究的完整过程。因此,明确核心问题是什么,是高中英语教师在开展主题式英语阅读教学的必要前提。从实际的高中英语阅读教学来看,核心问题的概念十分明确,主要包含了以下几个方面。

(一)核心问题是阅读的线索

阅读主题是学生在阅读篇章过程中的线索。一方面,在明确核心问题之后,学生首先会对核心问题形成一定的印象,进而对整个文章形成一定的印象,在自己的脑海中形成阅读的大致感受,将原本抽象的阅读过程转化为较为形象的阅读过程。这有利于学生建立对文章的整体感知,使学生能够在核心问题的指引下对文章进行深层次探索,引导学生一步步发现文章的精髓,对提高学生的文本掌握程度具有较好作用。另一方面,核心问题能够对学生的阅读思维形成一定的启发,为学生今后的阅读奠定基础。因此,我们可以说,核心问题是学生阅读的线索,不论从短期看还是从长期看,都是如此。

（二）核心问题是文章的总结

每一篇文章都有自己的主旨大意。在传统高中英语阅读教学过程中，教师倾向于引导学生对整篇文章进行反复阅读。这种教学模式下，学生在阅读过程中没有重点，即使表面上看学生对阅读文本进行了多次阅读，但这种行为往往涉及无效阅读，并不能够与真正意义上的阅读探究行为画上等号，对学生掌握文章产生的正面推进作用较小。核心问题是对文章的整体总结，既包含对文章内容的概括，也体现着对学生阅读的引导脉络，是综合性的文章总结。

（三）核心问题是文章的精华

高中英语教师在引导学生对阅读文本进行探究的过程中需要主次分明，需要将重点掌握内容和重要程度稍低的内容在教学过程中给予不同程度的体现。核心问题不仅是文章的线索，带领学生逐步掌握整篇文章，也不仅是文章的总结，引导学生概括理解文章，更重要的是，核心问题是文章的精华部分，是文章深层内涵的体现。学生掌握核心问题就等于掌握了阅读文本的关键，是在学生基础阅读之上的提高，能引导学生真正掌握正在学习的阅读篇章。

二、从语篇中定位核心问题的方法

核心问题与阅读主题在概念上基本相同，确定阅读核心问题的过程就是教师带领学生明确阅读主题的过程；同样，教师带领学生认识阅读主题的过程也是发现核心问题的过程。从语篇中定位核心问题的方法，从整体上来讲，离不开探究与总结。探究是对阅读篇章的深入挖掘，总结是对所发现内容的概括，二者具有一致性。在阅读教学中，定位核心问题、发现阅读主题的方法体现在以下两方面。

首先，教师应当在开始阅读教学之前做好对阅读文本的挖掘与整理工作，找到教师所认为的核心问题。在这一过程中，教师不仅要初步定位核心问题，还要围绕核心问题,从文本中提炼、总结出较低层次的不同问题,在课堂上对学生进行提问,引导学生定位核心问题。

其次,在课堂阅读教学过程中,教师首先应向学生提出总结出的层次较低的问题,引导学生按照一定的顺序建立起对所探究文本的基础印象。随后,教师组织学生开展文本探究活动,为学生创造集体讨论的环境,将学生原本单独的思维总结到一起,将自己单独探究过程中发现的问题与同学一起讨论,刺激学生在这种集中探究过程中得到启发,对阅读文本产生新的思考,最终得到学生也认同的核心问题。

在此基础上,教师还应对学生进行针对性提问。师生双方针对核心问题进行一定形式的讨论。讨论时既可以采用传统师生交流形式中所采用的对话形式,也可以对师生交流形式进行一定的创新,给予学生更多的自由度,使学生能够按照自己的想法呈现自己对文本核心问题的理解。教师与学生都对阅读文本有着主观的个性化理解,师生双方深化交流的过程也是师生双方共同探究核心问题的过程。

三、核心问题指引下的高中英语阅读操作实践

核心问题不仅是高中英语教师在授课过程中指导学生寻找的阅读重点,同时也是学生在阅读文章过程中所要持续探究的部分。在实际的课堂教学过程中,高中英语教师在核心问题指引下开展英语阅读操作实践,可以从以下几部分入手。

(一)抓住关键词语,明确文章重点

阅读教学更多侧重整体,但在具体的探究过程中却仍然需要从部分探究入手,以便学生能够建立起从部分到整体的完整知识学习印象。这对于学生掌握阅读篇章的核心问题也具有一定的推动作用。高中英语教师在核心问题教学模式下指导学生开展阅读探究,需要引导学生对阅读文本中的关键词语进行定

位，确定文本中的关键枢纽之处，这不仅能够使学生初步明确文章的重点，还能够帮助学生建构起阅读文章的知识体系，使学生对所探究的文章能够有初步的感知，奠定理解文章的基础。

例如Teenage Life一课的教学过程。这一文章较为简单且基础，是一篇适用于高中英语教师引导学生定位文章关键词语的文章。教师在教学过程中，指导学生注意文章中偏向形容词性的词语，并使学生联系上下文，体会形容词confusing以及responsible在文中的作用与含义，以及与上述两个词语意义相近的词语背后的深层含义。在这一过程中，学生能够从关键词语联系到阅读篇章进而与自己的生活建立联系，从而一一掌握文章中的重点。

（二）通读语篇全文，梳理文章脉络

教师利用核心问题指导学生对英语阅读篇章进行掌握与理解，目的是让学生能够确认阅读篇章中的关键信息。但经过这一环节的学生还并不能说已经掌握了阅读篇章的核心问题，仍旧需要在教师的带领下对阅读篇章进行新一轮的探究。因此，教师还需要指导学生通读全文，对阅读篇章的整体进行分析。这一过程的开展并不是毫无头绪的纯粹阅读，而是在上一阶段的基础之上开展的探究性阅读，是学生在完成关键词定位后，对阅读篇章进行的深入研究，能够使学生对整篇文章的脉络更加清晰，知识感受更加深刻。

例如Natural Disasters一课的教学过程。学生需要通过阅读The Night the Earth Didn't Sleep这篇文章来对知识点有所了解。教师在指导学生对这篇文章进行通读过程中，可以将学生分成不同的阅读小组，每一小组在通读全文过程中负责对其中的某一自然段进行翻译。这样能够使学生加强对前后文的观察，同时增加通读全文的趣味性和挑战性，使学生能够沉浸在对文章整体的探究中，对文章整体的把握更加牢固，对文章的叙述脉络有更多的学习感受。

（三）开展辩证分析，提高英语思维

核心问题教学方法之下的高中英语阅读教学与传统阅读教学模式下的篇

章探究相比，灵活性更强，学生与知识之间的距离更短，学生的英语学习思维在这一过程中受到的引导更多。这一优势的发挥离不开高中英语教师在具体的英语篇章阅读探究过程中对学生辩证式阅读思维的培养。在辩证分析的过程中，学生不仅能够对自己所支持的知识观点有更加深入的认识，同时，学生也能够对自己认识不够全面的知识观点有新的感受，从而使学生的英语阅读思维得到较多的补充，使学生在核心问题的指引下对阅读内容有更深刻的感悟。

例如，同样是在Teenage Life一课的教学过程中，由于在现实生活中的体验和感受各不相同，学生在阅读文章的过程中可能产生不同的阅读观点，这也影响着学生对文章的整体感受。教师在指导学生分析文章的过程中需要用到辩证思维。一方面，教师可以使持有不同观点的学生选择文章中的知识内容与自己的生活体验进行相互讨论。另一方面，教师还可以引导学生选择立场不同的观点进行换位思考，从而增进学生对不同观点的理解程度。而在辩证分析的过程中，学生的英语思维得到不断提升与完善，对核心问题的认识更加深刻。

（四）深入解读关系，掌握语篇内涵

高中英语阅读教学可以按照其中包含的知识内容进行教学，但这种教学方式较为传统，学生得到的学习感受也过于零散，不利于学生建立起对阅读文本的整体感知，实际的学习效率以及学生从中得到的收获也较少。核心问题的探究使学生掌握了探究阅读篇章的重点，为学生指出了探究阅读文本的正确方向，使学生不仅能够掌握基础的英语知识，也能够自行在探究过程中进行总结，得到个人对阅读篇章内涵的深入理解。

例如，在Natural Disasters一课的教学过程中，学生对课文The Night the Earth Didn't Sleep进行深入探究，在教师的带领下深入解读课文中重点字词与重点句子之间的关系，在内容的起承转合中感受课文的内涵，对课文中的重点内容和内涵有更深刻的感受。这样学生不仅掌握了课文中的知识点，也掌握了课文整体传递出来的深层信息，对课文整体有更好的认识，学习效率也会有所提升。

阅读主题既是核心问题又是学生阅读的答案。核心问题指导下的高中英语阅读教学重点在于探究和总结，关键在于引导学生深入阅读文本，思考文本内容之间的关系，主动发现核心问题并在核心问题的指引下对文本进行整体性探究，在层层推进的阅读过程中逐步发现文本的多层次内容，减少学生的无效阅读，节省学生的阅读时间，并且增强学生对不同文本类型的感知能力，逐渐积累，最终实现学生阅读水平的不断提升。

第五节　基于大单元设计的英语阅读深度教学

高中英语课程标准主张将英语学习活动和语篇学习的六大要素整合到大单元设计中，引导学生根据其话语知识探索文本的深层含义，并提高学习能力和思维质量。

大单元设计的关键是“集成”，其学习单位是围绕“主题”进行的。当前的教科书是基于学生可以学习的“主题语境”，以不同类型的语篇作为内容单元。根据教科书的内容要求和学生的实际情况，笔者尝试探讨如何将基于大单元设计的英语阅读深度教学整合到可实现的教学实践中。

一、大单元教学设计的起点

1. 深度学习

深度学习提倡大规模的单元教育，其理论发展直接促进了深度教育的持续发展。根据学科的含义，大单元的深度教育致力于从知识、思维、学科和关系的深度这四个方面来优化和反映单元教学的目标、学科活动、教学内容、教学方法和学习效果。从知识学习到智慧，从底层理解到高层思维的生成和发展，从文字理解到文化含义的挖掘，从单面教育过渡到和谐一代的过程，都强调以扫盲为核心的学习。[25]

2. 深度阅读

深度阅读意味着学生可以理解、思考和评估语言知识和其他肤浅的内容，了解作者的感受、态度、意图等的深刻含义，并实现从语言水平到信息水平的转变。大单元学习不仅使学生获得语言知识并提高他们的学习技能，而且还可以提高学生的人文素养，培养学生的批判性思维，让他们从不同的文化角度观察和理解世界。

考虑到这一点，大单元阅读教学是以增强学生的深度阅读理解为基础，以综合阅读理解单元的知识为内容，着重于探究文本的深层含义，发展高级思维的教学。

二、大单元教学设计的立足点

大单元教学设计是一项活动，旨在让教师根据英语课程内容来设置单元学习主题和目标，遵循学生的学习规则来开发和重建相关的学习内容，并加深主题的含义，达到效果。它反映了教育设计与扫盲目标的对接以及教育评估的一致性。

1. 选择阅读单元的主题

通常，确定单元学习科目有四个标准：科目课程标准、科目教科书内容、核心素养的高级发展以及学生的实际情况。在研究辩论性话语时，作者从各种活动角度的特定焦点中选择一个单元主题。例如，精选教科书中关于我们为什么要学习英语文学的语篇，鼓励学生认识学习英语文学的重要性，激发学生的学习意识、学习动机和学习兴趣。教师还应用好教科书并鼓励学生熟悉阅读文本的策略和方法，进一步学会探索文学作品的阅读观点和方法。课文《未走的路》使学生通过之前讲到的策略和方法，从不同角度欣赏诗歌，感受文学的魅力。这些语篇反映了学习内容的相关性，涉及到一个很大的学科单元，并且层次是渐进的。

2. 设定阅读教育目标

阅读教学的目标是确保教学质量，指导教育活动的各个阶段，并反映英语学科核心素养的学习成果。教师应根据课程标准与单元内容的结合，重点关注阅读单元的主题，深入分析与英语学科的核心素养发展相关的要素，语言知识、文化知识、语言技能和相关的学习策略，根据学生的实际水平和学习需要设计阅读教育目标的总体方案。例如，课程标准要求在辩论性论文中进行语篇学习，学生必须能够掌握主要的写作目的、主要的语篇结构特征和论证方法。这是教师设定的总体学习目标。然后，教师应将其分解为单元目标，如“通过使用主要信息确定作者的写作目的”“通过获取书面方法有效表达意见”和“根据话语结构特征构建文本知识结构图”等，将单元目标按主题分组为特定的课堂实践目标。例如，将“掌握并使用辩论方法有效表达意见”的单元目标细分为特定的课堂实践目标。

3. 阅读教学活动设计

根据阅读主题、阅读教学目标以及学生现有的知识和经验，教师基于学生理解和应用的情况设计教学活动，组织分层和有效的深度阅读活动。笔者通过将布鲁姆的认知目标分类与英语活动观点相结合来整体设计阅读教学活动。换句话说，阅读教学活动设计应基于阅读之前的文本认识及主题含义，并着重于学习和理解活动的发展。教学的重点是深入理解文字，加强主题含义，并开展学习和理解活动。阅读活动本身超越了文本，升华了主题的含义，并着重于学生创新能力的发展。

4. 进行持续学习评估

“课标2017”指出，应结合定量和定性评估方法来评估学生的学习情况。在深度阅读教学中，教师使用定量评估（如“测试”）来提高阅读技巧和策略，而使用定性评估（如“解释”）来提高阅读习惯和阅读体验。

三、大单元教学设计的重点

根据叙事、解释和议论性语篇中的大单元阅读教学目标的需要，教师应整合主题以实现对教育资源的宏观控制，为深入阅读课文提供明确的方向。教师可将学生学到的知识转化为综合的实践技能和创新意识，以便更好地把握文体特征，突出大单元学习的意义，并突破基于语言知识的浅层学习。这是深度阅读教育成功的重要指标之一。

1. 执行情感目标

叙事具有在人类叙述中表达情感的独特功能，并且在实现情感教育目标和加深学生的情感体验方面发挥着作用。在设计大型叙事阅读指南时，笔者从教材的主要版本中整理了“我们学习的偶像”主题的三种传记性论述，然后着眼于情感的内在化和深化的思想，展开语言感知、初次情感体验、问题指导、深度情感探索、语境生成、情感变化行为等一系列活动，通过比较、讨论、评价和反思等形式，引导学生提取人物的精神特征，培养学生情感，讨论和澄清现代青年选择精神偶像的标准，塑造正确的价值观，并与学生自己的现实态度和思维能力建立联系。

2. 渗透话语功能

以解释性文本这一话语功能为例。笔者基于“民族文化习俗与传统节日不同”这一主题，整理了感恩节和世界各地的三场丰收庆祝活动的相关语篇，结合六要素活动观，分层次设计了学习与理解活动，着眼于认识解释性文本的特征和运用，有效地对解释性文字进行解构、内化和重构。这一活动能帮助学生理解和表达主题含义，加深学生对其他文化的了解，增强中国传统文化身份的信心，并发展出多种思维方式。

3. 发展思维能力

论辩性话语教育侧重于逻辑思维能力的培养。针对学生缺乏表达观点的能力和思维任务所需的能力(如表达“环境保护”观点的能力)。笔者建议从以下方面入手进行改善:在论证的背景下,教师应将重点放在建立扩展思维的指导框架上。换句话说,学生可以认识到论证和推理的口头逻辑,内化文本中的表达逻辑和投机意识,内化特定的论证结构、风格特征和表达方式,并建立自己的论证体系。

话语内容分析使学生可以轻松阐明论证文章的表面结构(问题、问题分析和问题解决)的布局。之后,教师指导学生分析课文的语言结构和思维逻辑。为了吸收内化,教师要专注于文本分析所需的逻辑思维能力和对话中所需要的分歧,以便学生根据文本的含义重构思维路径并培养高阶思维,培养思考文本的能力和阅读主题讨论所需的创新思维能力,教师应鼓励学生在讨论、分析、判断和评估等活动中形成逻辑、批判和创新思维,在探索的过程中实现基于内容的深度学习和发展思维能力的目标。

四、大单元教学设计的价值点

1. 帮助学生掌握相同类型的文本结构和文本功能

高中教科书很复杂,风格也各不相同。在相同的话语风格下适当发展主题意义学习可以进一步突出这些话语元素的类型,并理解文本和其他话语知识的结构、连贯性和衔接性。

2. 帮助学生扩展同一类型文本的不同视角

在主题层面上,同一类型的话语仍具有其他语言特征,如叙事、抒情、议论、解释等,这体现在文本内容和语言风格的独特性上。在对文本的共同特征进行研究的基础上,师生可以从文本的独特性方面体验意义表达的多样性和丰富性,如从作者和读者的角度来解释文本,从教师的教学和学生的学习视角对文本进行解释,以获得不同的理解并掌握文本的含义和内容。

3. 帮助学生选择有效的阅读策略

不同类型的文本具有各自的语义功能、实际目的和上下文。以相同样式组织的单元学习主题的上下文可以宏观地显示文本的基本内容及其组织方式,如教育文本。微观分析是逐句进行的,可以帮助学生学习如何选择适当的阅读策略并最终获得有效的阅读理解。

4. 有助于弥补教科书文本类型选择的不足

笔者以一本主要教科书为例,将必修课本和选择性必修课本(共7册)的话语分为四种类型,发现在105种话语中,有31种叙述方式和53种说明性文字,有11篇论据性文章和10篇其他非典型性文章。课程标准要求的不同主题反映在不同的文本中,但是不同类型的文本是断断续续的,与相关主题和子主题的范围也不同,尤其是论据性文本和非正式文本。教师可通过改编来弥补教科书的不足,也可以根据学术背景适当地补充教科书的种类,增加不同教科书或阅读材料。

根据文本类型进行的大单元阅读教育着重于文本结构、文体和表达方法的重构,并以综合阅读单元知识为内容,着重于挖掘和发展文本的深层含义,促进学生的深层阅读,培养学生的较高学习水平的思维和核心能力。

五、高中英语阅读教育中的问题

对于教师而言,当前的教学方法单一,课堂内容无聊,教师仍然受到传统教学观念的影响,容易忽略学生的主观能动性。在课堂教学过程中,一些教师仍然使用传统的口头教学方法来解释知识内容。学生被动地接受内容,并且学生与教师之间几乎没有交流,这导致了无聊的课堂气氛,削弱了学生的学习热情。此外,当高中英语教师讲课时,讲课的内容会围绕高考指导原则进行组织,以提高学生的应试能力。当前,学校教科书主要分为必修课和选择性必修课,它们互为补充。

对于学生而言,他们在学习英语的过程中过于依赖中文,原因之一是教师仅在教学过程中采用中文教学方法,以增进学生的理解并提高教学效率。随着时间的流逝,学生习惯了中国式的英语,缺乏英语语感,并且在语言习惯的影响下,一些学生经常将中文和英语混淆,不懂英语句子。另一个原因是,学生学习英语的主要动力是背诵和记忆,而忽略了理解和阅读的重要性。在通常的实践中,教师主要练习高考题目,并且课堂上学生参与教学活动的比例相对较低。[26]

第六章
初高中英语语法衔接教学策略

第一节　初高中英语语法衔接教学分析

一、初中英语教材语法编排研究

仁爱版初中英语教材每册书有4个单元，每个单元包括3个话题(topic)，每个话题有4个小节(section)，其中最后一个小节都会对单元话题进行归纳并对语法知识进行总结，而在单元后的复习单元里还有相关语法知识的巩固练习，最后在教材附录里会就整册书的重要语法知识提供详细的语法定义、语法知识点和相关例句。人教版初中英语教材每册书有10个单元，每个单元有两个小节，第一个小节在听说内容之后有一个语法点(grammar focus)，在教材附录部分有该语法点的详细的语法定义、语法知识点和相关例句。根据"义教课标"中的语法项目表和教材编写体系，不难看出初中英语教材的语法编排特点。

(一) 语法编排重基础，语法项目较全面

初中英语教材严格按照学生基础，七年级从零起点开始，注重基础语法的循序渐进，从词法(名词单复数、代词的种类、数词、介词、形容词、副词、冠词、动词)到句法(句子种类)逐一讲解。这些基础语法知识是七年级初学者必须掌握的。整套初中英语教材中的语法项目包含了"义教课标"中所规定的初中语法项目，其中Attributive Claus，Direct Speech and Indirect Speech等语法项目则是高

中英语语法提前在初中教材中加以呈现，而教材中未曾专门呈现Transitive Verb and Intransitive Verb，只在“简单句的五种基本句型”中出现过，这也导致高中教师一直认为初中应该学习过这一语法知识。这一语法知识是一项非常重要的基础语法，当高中教师因这一语法知识的错漏批评学生基础差、底子薄时，学生经常一脸无辜地看着教师。

（二）语法编排有梯度，复现率高有巩固

整套初中英语教材语法项目安排注重循序渐进。七年级主要是学习词法和句法。八年级主要集中在较难的动词学习上，涉及动词的种类（助动词、系动词、情态动词、实义动词）、动词的时态（现在时、过去时、将来时）、非谓语动词（动名词、不定式、分词）、五种基本句型结构等。九年级主要集中在动词的语态（各种时态的被动语态）、三大复合句（状语从句、名词从句、定语从句）。从中我们可以看出，初中语法教材编排遵循了由浅入深、由易到难的理念。当然，有些语法项目是贯穿在几册书中的，在九年级教材中还特意安排了一些重要语法知识的复习。

（三）语法情景化，突出交际功能

整套初中英语教材中的语法项目大多是在语篇中呈现，这种情境化的呈现方式体现了在语境中理解语法的具体用法，突出了语言的交际功能。而且，在每个话题的Section 4中都有一个语法项目，通过话题进行语法归纳练习，如Book 3, Unit 1, Topic 1的Grammar部分，要求用be going to填空。

I _____ play basketball.

We _____ have a basketball game against Class Three on Sunday.

You _____ join the school rowing team?　Yes, I am. / No, I'm not.

在体会语境和同一主题下使用语法项目，能突出语言的交际功能。

二、高中英语教材语法编排研究

（一）高中英语教材概况

人教版高中英语教材（2019年版）。该教材与“课标2017”提出的指导思想、课程目标、基本理念、课程内容要求完全一致，包括教师用书、学生用书、配套读物、听说材料、音频资源等模块。学生用书是主体教材，每册包括5个单元，其中第一册有一个衔接单元（Welcome Unit）。学生用书每个教学单元含Theme, Listening and Speaking, Reading and Thinking, Discovering Useful Structures, Listening and Talking, Reading for Writing, Assessing Your Progress, Video Time共8个部分。在教材正文之后，各个单元都附有一个Workbook，其中又含 Using Words and Expressions, Using Structures, Reading, Writing, Expanding Your World等5个围绕单元主题进行的练习、语言交流、活动等。Appendices（附录）部分则包括单元Notes（注释）、Grammar（语法）、Words and Expressions in Each Unit（各单元生词和习惯用语）、Vocabulary（词汇表—按照字母顺序）、Irregular Verbs（不规则动词）等5部分内容。

（二）高中英语教材语法部分的编排特点

人教版高中英语教材（2019年版）仍然以单元为主题进行语法知识讲解与应用。每个单元的阅读文本中会反复应用单元语法项目，学生在语篇中更易学习和领悟该语法项目，并且在Discovering Useful Structures和Workbook的Using Structures中设有相应的语法内容，让学生通过学习语法知识体系和练习来掌握该项语法并实践应用。教师在教学中会根据学生学习情况进行教授，并补充重点语法知识练习。教材中的有关语法项目都是以单元为主体，一个单元学习一项语法知识，部分选择性必修会复现之前学过的语法项目，并进行加深或归纳。

1. 语法项目板块分布

人教版英语教材(2019年版)中的大多数语法项目是在初中英语基础上的延续、拓展和加深,主要集中在必修和选择性必修教材中,体现逐渐提高的层次性和阶段性。必修第一册依次包括简单句的基本结构、短语的类型和功能、将来时的表达、反义疑问句、限制性定语从句(关系代词)、限制性定语从句(关系副词与"介词+关系代词");必修第二册依次包括定语从句需注意的问题、现在进行时的被动语态、现在完成时的被动语态、过去分词的功能、过去分词作状语;必修第三册依次包括动词-ing形式作定语与表语、现在分词作宾语补足语与状语、省略句、动词不定式作定语与状语、情态动词与过去将来时;选择性必修第一册依次包括非限制性定语从句、将来进行时、动词-ing形式作主语、动词-ing形式作宾语和表语、主语从句;选择性必修第二册依次包括表语从句、名词性从句、过去完成时及其被动语态、过去分词作表语和状语、动词-ing形式;选择性必修第三册依次包括动词不定式作表语、动词不定式作主语、直接引语和间接引语、现在完成进行时、定语从句;选择性必修第四册依次包括被动语态、过去分词、动词不定式、短语、并列复合句。选修教材中的语法项目主要是复现。从中我们可以看出,整个语法体系几乎没有新增,学习目标明确、由易到难、循环再现。虚拟语气和倒装没有单独呈现,而是安排在选修教材中。

2. 单元语法教学模式

教材中的单元语法教学模式可以概括为"语篇呈现、感知发现、归纳总结、应用实践、内化活用"模式,即通过语篇呈现语法,让学生在语言情境中发现语法现象与规律,归纳总结其结构和功能,而应用实践和内化活用主要体现在各单元的Discovering Useful Structures和Workbook的Using Structures部分。当然,教材的配套练习册中进一步提供了全方位的练习,让学生灵活掌握相应语法项目的多种变化。

三、初高中英语语法衔接研究

（一）语法项目共性

从以上两节对初高中英语教材语法编排的研究，我们可以看出初高中英语教材的编写存在一定的共性。

（1）语法项目基本一致。比如定语从句、不定式、动名词、分词在初中教材都有作为重点内容讲解过，高中进一步进行拓展，同时也体现出了学生年龄特点和知识体系的不同的状况下应有的客观规律。

（2）语法内容编排原则一致。教材编排都遵循了由浅入深由易到难循序渐进的原则。语法项目贯穿在几册书中，在最后几册教材中又安排了重要语法知识复习，强调语法的复现。

（3）语法呈现方式一致。教材都采用了在语篇、语境中呈现语法的方式，让学生在语境中从感知到归纳，再到应用和内化，最后通过练习达到会使用的目的。

（二）教材语法衔接不同

由于现行初高中教材是根据不同课程标准编制的，教材版本也不统一，所以在语法项目编排上也存在不同。

1. 内容设置不同

初中强调语法的基础性，主要涉及语法的概念、结构、基础用法，比如初中在非谓语动词学习中主要是学习了不定式的用法，对于分词则涉及得较少。定语从句在初三有所学习，但并不是系统学习，而高中教材则详细讲解了定语从句，在四个不同的单元分别学习关系代词、关系副词、注意问题、非限制性定语从句。又比如非谓语动词的系统学习涉及11个单元，从必修二到选择性必修三依次是过去分词的功能、过去分词作状语、动词-ing形式作定语与表语、现在分词作宾语补足语与状语、动词不定式作定语与状语、动词-ing形式作主语、动词-ing形式作宾语和表语、过去分词作表语和状语、动词-ing形式、动词不定式作表语、动词不定式作主语，在选择性必修四还有专门的过去分词和动词不定式的复习单元。

2. 内容要求不同

初中强调培养语言感知和语言意识，限于辨认和理解，不强调语言形式，比如初中在定语从句学习中，要求能辨认关系代词that, who, which引导的定语从句，能知道、理解、辨认含定语从句的句子意思。而高中教材中明显增加了定语从句的表达形式和频率，对定语从句从形式(form)、意义(meaning)、用法(use)三个角度系统归纳、理解和应用，要求分类掌握关系代词、关系副词、非限制性定语从句以及需要关注的常见问题。

第二节　初高中英语语法衔接教学的问题及其成因——以定语从句为例

一、初高中英语语法衔接教学问题总结

(一) 学生问题

在针对高一新生英语学习情况的问卷调查中我们发现，在初高中衔接学习的过程中，语法是多数学生认为最难以攻克的难题。语法不仅是教师关注的重点内容，也是学生希望得以突破的内容。所以，我们以定语从句为例，将问卷调研中发现的问题进行总结如下：

(1) 调查发现，大多数学生认为初中英语学习较简单，而高中阶段与之相比有着明显的难度提升。其难度增加主要在于语法知识更复杂、文章篇幅更长、文章中的长难句增加、生词也大幅度增加等。其中语法问题是学生选择最

多的选项，而仅仅定语从句高中教材就使用了四个单元进行教学，对于刚刚步入高中的学生而言具有一定的难度。

(2) 在语法衔接教学的问卷调查中我们发现，大多数学生认为有必要开展语法教学的衔接。定语从句是高中阶段最主要、最核心的语法内容之一，在高考、日常交流、阅读等活动中都大量可见。但在实际教学过程中，教师对于定语从句的衔接教学指导却极少，所以大多数学生在问卷中提出了语法衔接教学的需求。

(3) 在语法教学方式的问卷调查中我们发现，教师经常使用翻译法，详细讲解语法规则、语法意义与语法练习，进而要求学生用单元的核心词汇按照语法规则进行转换句式。多数学生对这种方法做出了负面反馈，认为这种方法枯燥、单调且无趣。而在学生需求的教学方法中，多数学生选择了任务型教学法与情景教学法，这是教师应当调整与优化的教学思路。

(4) 在学生语法学习习惯的问卷调查中我们发现，当前大多数高一年级学生并未形成良好的语法学习习惯。比如，几乎所有学生都没有关于语法学习的书籍，多数学生在遇到不理解的语法时则会选择跳过，学生平均每日在语法学习中花费的时间低于30分钟，大多数学生在习题训练中会忽视语法相关的题型等。

(5) 在学生语法学习策略的问卷调查中我们发现，学生采用策略进行语法学习的频率与次数较少，甚至大多数学生对语法学习策略没有认知，仅仅依靠课堂上教师的讲解来了解语法知识。

(二) 教师问题

在与教师的访谈过程中我们发现如下问题：

(1) 教学理念问题。初高中教师对于新课程标准的理念都有较为完善的理解，但在实际教学中的应用却未能达到深层效果，同时大多数教师仍然将提高成绩作为教学的核心目标。

(2)语法教学衔接问题。初高中英语教师对于语法的重视程度均有不足，甚至存在相互推脱的情况，初中教师认为高中教师会详细讲解，而高中教师则认为初中教师应该已经讲过，使得学生的语法知识存在空窗现象。

(3)语法教学方法问题。初高中教师均喜欢用翻译法进行语法知识教学，只有少量教师会采用任务教学法或情景教学法。前者不仅浪费时间，而且效果较差，是多数教师需要改革与调整的内容之一。

(4)教材认知与应用问题。教材是初高中教学的基本知识载体，只有通过教材传授知识才能让学生达到课程标准要求。但根据访谈结果我们发现，当前初高中教师对于教材的掌握程度并不算高，尤其对衔接部分的内容了解不足。

(5)学习习惯和学习策略问题。初中英语教师更注重训练语法基本句型，要求学生完成对话表达，相对忽视了对学生语法学习习惯和学习策略的培养。由于初中阶段课程知识相对简单，因此即使忽视语法学习，学生依然能够跟上进度并获得好的成绩。但高中阶段的英语知识开始变得混杂，而教师对于语法学习习惯与策略的培养存在较大缺陷，使得高一学生更容易面临学习困难。

二、初高中英语语法教学衔接问题产生的原因

教师必须关注语法衔接问题。相较于初中阶段，高中语法项目难度加大加深，而授课方式也在改变，这为学生带来了较大的挑战。学生如果不能快速适应新的学习环境，就很容易产生两极分化的学习现象。由于初高中英语教学大纲有较大差异，因此我们需要首先明确为什么初高中英语语法衔接教学会产生这些问题。

(一)课程与考试分析存在差异

首先，课程与考试分析方面存在较大差异，这是影响教师语法教学衔接的首要因素，也是影响学生成绩进步的关键所在。该差异主要体现在两个层面，其一为语法教学目标与新课标要求之间的差异；其二为初高中英语考试难度之

间的差异。

1. 语法教学目标与新课标要求的差异

英语课程标准要求学生在初高中毕业时分别达到五级与八级要求。“义教课标”中规范了五级水平的基本要求：第一，学生有明确的英语语法学习动机，保持认真的学习态度。第二，在听力水平方面，学生能理解教师讲述的话题且能够陈述自己的意见，参与到师生交互或讨论之中。第三，学生具备读懂简单报纸、杂志的能力。第四，学生能自主写作作文，并进行修改完善。第五，在口语表达方面，学生能使用英语进行简单交流。

“课标2017”规范了学生八级水平的基本表现。第一，在学习方面，学生具备良好的自信心与自学能力。第二，在口语表达方面，学生能够使用英语与本土国家的人进行自如交流，能够对部分英语文章进行评论。第三，在写作方面，学生能够写出结构完整且内容连贯的文章。第四，在学习策略方面，学生具备自我反思与评价的能力，可以根据自己的学习需求与状态选择合适的策略方法。

由此我们不难发现，课程标准对初中学生的英语语法学习要求较低，需要学生能够起草并修改小作文。但事实上在教学过程中，每一个课时的安排是有限的，导入环节、操练对话、示范演示、内容讲解等活动几乎会占据全部的时间，使得教师忽视了语法知识的教学。与此同时，初中阶段的考试对语法的重视程度也不高，这也使得师生对语法的教学或学习需求均有不足。

而进入高中阶段后，学生难以适应学习重心由听读能力转移到读写能力的过程，使得语法基础较弱的学生无法跟上高中课程的节奏。高中阶段对学生的英语能力要求有着明显的提升，除了读写能力外，学生的口语、听力等方面都需要迅速提升，而初高中教材内容上的衔接明显不足，使学生表现差异较大，在该阶段学生也更容易出现无法适应的情况，进而产生学习障碍。

2. 考试难度的差异

初高中英语学科的考试也有明显差异，主要体现在以下方面：

第一，在义教课标的改革与要求下，初中英语教材的难度要求在降低，同时对语法的要求也有所降低。在不断修订与改编的过程中，初中英语教材内容的难度有明显的下降，其中的知识点也得到了简化，甚至将部分难点问题进行了删除。不仅如此，在该标准要求下，教师的授课内容也在简化，而这也是初中英语考试的内容简化难度下降的原因之一。但高中英语教学却并没有跟随初中英语而降低难度，尤其在高考的要求下，教师不仅要讲解教材中的语法内容，还要积极拓展新知识和新内容，以拓宽学生的语法视野，满足高考的需求。这无疑为学生的初高中衔接学习带来了更大的难题。

第二，在问卷调查中我们发现，大多数学生将语法的学习列为最高难度的英语学习内容。在新课改要求下，初中教材与课程对语法的淡化效果明显，中考命题对于语法的考核要求也在降低，因此初中教师没有需求也没有必要将语法知识作为关键内容，更不会考虑其衔接学习问题。但是在高中阶段，在高考要求下，语法知识成为学生必须掌握的关键内容，而学生在缺乏良好语法基础的情况下，更难以跟上教师的教学节奏，因而在考试难度差异的影响下，初高中语法教学中呈现出较大的跨越难度。

（二）教师因素

在初高中语法教学中，教师也有直接影响，其影响主要体现在两个方面。第一，初中教师以中考的知识点要求设计教学，忽视了初高中的衔接问题。第二，高中教师以高考为教学目标，同样忽视了学生的衔接学习问题。

1. 初中教师研究中考知识点，忽视高中知识点

中考是初中学生面临的核心关卡，因此教师在教学过程中会围绕中考的考点展开。由于中考对英语的要求较低，因此无论是教材内容还是考试要求，其主要知识相对较为简单，学生可以比较轻松地完成学习任务并获得良好的成绩。而中考对学生的语法要求较低，因此教师在教学设计中会忽视语法的学习，这也导致学生的语法知识基础薄弱，在进入高中后出现较大的差距问题。

因此，初中教师不应忽视语法在英语教学中的重要价值，应在教学过程中关注并强化学生的语法知识，为其衔接学习奠定基础。

2. 高中教师研究高考知识点，忽略初高中知识衔接

初高中教师具有相类似的问题，都将最终的考试作为教学的根本目标，因此在教学设计中高中教师将高考视为核心内容，一切教学活动都围绕高考命题展开。而在问卷调查中我们发现，当前高中英语教师对初中阶段英语教材的研究和了解极少，但是对于高考的考点却有明确的认知，这就使得教师在教学过程中会挑选出高考考点进行详细讲解，而忽视了学生初中阶段的英语基础。在这样的教学环境下，学生的学习难度大幅度提升，同时兴趣大打折扣，而学习的效率也变得比较低下，进而造成大量学生无法跟上教师的教学节奏。因此，高中教师还需要进一步研究初中阶段的英语教材，了解学生的语法学习基础，进而对高中英语课程进行进一步优化设计，以保证学生能够拥有良好、系统的英语学习课程。

（三）学生因素

学生自身也是影响衔接教学的重要因素。第一，学生的学习基础不同，能力差异使得衔接教学面临不同的学习需求。第二，学生的适应能力不同，面对突然提升的学习难度与知识量，部分学生能够更快调整自己，而部分学生缺乏自我调控能力，就会出现较大的学习障碍。第三，学习的努力程度有所差异。

1. 学生的学习基础不同

进入高中后，受初中阶段的学习影响，学生展现出不同的学习基础。学生在听力、阅读、词汇量等方面各有不足与擅长之处。但进入高中阶段后，语法知识的难度提升最为明显，也是学生们认为最难解决的问题。学生的基础差异造成了实际学习中的差距，有的学生有着良好的英语基础，在高中语法学习中可以更快地接受并找到合适的学习方法，由此获得更好的学习收获与成果。但部分学生基础较差，在课堂学习时可能存在难以理解或无法接受的情况，使得其

整体的语法学习面临障碍。比如在定语从句的语法教学中，如果学生无法掌握这一基础语法，就会影响其后续的语法学习，比如状语从句及名词性从句等，影响学生的持续性成长。

2. 学生的适应能力不同

学生的适应能力也是影响衔接教学的重要因素之一。一方面，初中阶段的课堂教学与高中阶段有巨大差异，除了课程内容上有较大的难度提升外，高中阶段的词汇量、语法知识等知识点大幅度增加，考试对学生的能力要求也更高，因此教师的课时安排与活动设计更为丰满，教学节奏也会更快，而初高中课程设计的差异会引起学生的不适应。部分适应能力突出的学生可以更快跟上节奏，而适应能力较差的学生则会拉开差距，成绩出现明显下降。另一方面，初高中教师在教学习惯上也有明显不同，初中由于相对较简单，教师可以开展更多的交互活动，通过学生对话、角色扮演等方式展开训练；而高中的课程更为紧张，教师的主导性更强，学生的学习兴趣会受到较大影响。此外，学生的学习方法也是影响因素之一。适应能力强的学生可以快速调整学习方式，进而符合高中阶段的课程要求，但适应能力不足的学生就只能延续初中的学习方式，由此产生较大的差异。

3. 学生的努力程度不同

学生之间存在智力水平差异是无可避免的现实问题，但智力的发展受到遗传与环境两方面的因素影响，而从遗传层面来看，多数学生之间的智力差异并没有过大差距，努力程度与学习方法就成为影响学生智力发展的关键因素。一方面，学生在学习过程中缺乏兴趣与积极性，在遇到成绩下降时就会将问题归咎于“脑子不好”，失去学习信心，进而使得学习水平大幅下降。另一方面，学习方法和技巧也是影响学生智力发展的关键。部分学生对学习不上心，不善于寻找学习规律和方法技巧，因此学习效率低，长时间下来就会认为自身学习能力不足，而后陷入自我怀疑与放弃的陷阱之中。

初高中的英语课程对学生的努力程度也有着不同的要求。初中阶段课程相对较为简单，大多数学生不需要过多努力即可达到优秀成绩水平，由此会使学生认为上课认真听讲、下课正常练习即可获得好成绩。但事实上，随着高中英语课程知识的繁复程度剧增，长难句、词汇、语法知识等内容在数量与难度上都有提升，而学生采用初中的努力方式显然无法达到预期的学习成果，进而逐步产生退却的心理。

由此不难发现，多数初中学生在升入高中后，由于自身的努力方式与程度并没有进一步提高，进而使得自身无法融入高中课程的教学节奏之中，甚至会影响到整个班级的学习氛围，使得努力程度不同的学生之间呈现出更鲜明的差距。因此教师需要提示学生，营造良好的学习氛围，促使学生建立良好的学习心态，同时教师也要把握学生的学习规律与思路，在课程设计的初始给予学生一定的适应时间，逐步形成递进的教学节奏。

第三节　初高中英语语法衔接教学改进策略

一、深入研究英语教材

教材是教师从事教学工作的载体，是教学的重要依据，也是学生学习的载体，学生只有充分掌握教材中的知识内涵，才能提升能力并获得更好的成绩。因此，教师必须提前对初高中的教材进行深入研究，才能做好衔接教学设计。尤其语法知识的衔接教学，是教师需要进一步关注的核心内容。

（一）初高中教师必须深入研究初中英语教材编排

我国的中学教育将初中与高中进行了分离，初中属于九年义务教育，但随着我国教育事业的不断发展，如今高中的入学率也在不断上升，大多数学生都会由初中升入高中，而初高中之间的独立与衔接问题成为大多数学生学习过程中的问题。对于教师而言，为保证学生顺利由初中过渡到高中，应从教材研究开始。教师要发现教材中的问题,对教材的知识系统、内容结构、处理方式等进行全面研讨,以找到科学合适的教学办法。

以定语从句这一语法知识为例,初中阶段将定语从句的学习安排在九年级全一册的第六单元之中。定语从句属于复杂句型,是初中学生学习的重难点,而且也是中考英语中的重要内容,会通过单选、完形填空、阅读理解等类型的题目出现。从表面来看,定语从句应当是初中学生重点学习并掌握的内容,但事实并非如此。一方面,初中教师在定语从句的教学时并没有侧重讲解,讲解内容较为肤浅,甚至没有给学生讲清楚定语从句的基本定义、分类、用法等基础知识。初中教师通常更注重学生语感的培养,让学生根据阅读积累等方式熟悉定语从句的基本结构和形式,进而在习题中根据语感做出正确的选择。另一方面,初中英语考试中对定语从句的考核也略有不同。初中与高中的考核题目有较大差异,初中英语考试的题目设计重在考查学生对固定句型的掌握能力,因此学生可以依靠经验、语感甚至是猜想来完成正确回答。这种教学和考试方式使初中阶段的语法教学并没有形成体系化,语法知识也无法得到教师的充分重视。但是大多数高中教师并不了解初中教师的教学情况,认为学生已经掌握定语从句的基础语法知识,因此在教学过程中会将大量基础类的知识内容进行省略,直接进入更深层次知识的学习,使得学生根本无法跟上节奏。

因此,为了保证初高中语法教学的有效衔接,我们需要对初高中教师提出更详尽的要求与规范。一方面,初中英语教师应对初中教材中的语法知识内容进行深入理解。比如在定语从句的教学中,要依据中考大纲明确定语从句的真实考核要点,在教学过程中将相关的定义、概念、用法、规范等进行讲解,以保证学生建立明确的语法基础。另一方面,高中英语教师也要对初中英语教材有充分的研究,既要了解各语法知识在哪一年级、哪一本教材、哪一单元,又要把握初中语法教学的基本内容与深度,如此才能判断学生在该方面的掌握程度,并由此设计具有衔接性和递进关系的课程活动,让学生在简单回顾初中语法知识的基础上,更容易地进入高中阶段的语法学习之中,达到有效衔接的教学效果。

（二）初高中教师必须深入研究高中英语教材

仍以定语从句这一语法知识为例，在高中教材中，定语从句出现在高一年级必修一之中。高一学生在初三阶段已经学习了定语从句的基础知识，在该方面应有一定的认知基础。高中阶段对定语从句掌握水平有了更高的要求，这也要求初高中教师必须对高中教材中的语法编排有深入了解。首先，对于高中教师而言，了解高中教材是教师的基本职责与教学前提，只有了解了教材关于语法的呈现内容与教学要求，才能设计合适的语法训练活动，进而调整教学重难点，让学生更快地达到大纲要求。其次，对于初中教师来说，则要为学生的未来发展做好计划，因此也需要了解高中英语的教材内容与编排结构，在初中阶段教学时考虑到学生未来衔接学习的需求，进而将语法课程的设计与高中阶段形成协同关系，让学生更好地适应并接受高中教材中的语法知识内容。对于定语从句这一语法内容而言，高中教师要基于教学大纲深化对教材内容的理解，并由此展开教学设计，比如分析限制性定语从句与非限制性定语从句的区别，关系代词和关系副词的区别及使用方法，以及定语从句和同位语从句的区分等。而初中教师则要了解高中教材中定语从句学习的基础条件，比如定语从句的定义、分类、用法等，在课程教学中进行有效渗透，以辅助学生做好高中定语从句学习的基础准备。

（三）初高中教师必须深入研究初高中英语教材衔接情况

初高中英语教师不仅要分别了解初中与高中的英语教材，还要从衔接角度进行深入研究，了解其语法知识的编排情况。我国的初中与高中是两个独立且相互联系的教育阶段，在学生的成长道路上，初高中之间应具有良好的衔接与递进关系，在教材编写方面也展现了一定的衔接性，即由初中的简单到高中的不断复杂化的学习过程。以定语从句为例，初中教材将这一内容编排在九年级下学期阶段，而高中教材将其安排在必修一的前三个单元，从学习顺序上表现出一定的衔接关系。但是在实际教学过程中，如果初高中教师仅研究对应的教材内容，也很难形成有效的衔接效果。尤其对于定语从句这种重点语法知识，教师更要对教材的衔接内容进行深入研究，既要了解初中教材中定语从句的教育目标和内容，又要把握高中阶段定语从句开始的起点与位置，进而把握学生延续学习的方法与需求，做好衔接课程的优化设计。

二、使用不同形式的语法教学法

语法是指正确地和规范地使用语言的规则，是人们进行正确表达的规范。语法知识是人们语言表达的重要依据，无论是口语还是书面，都应依据语法规范才能保证其表达意义的准确性。初中阶段的语法知识相对简单，主要以简单句型为主，重在培育学生的口语水平。高中阶段的语法知识变得复杂起来，不仅内容更多，而且出现大量长难句，语法知识的难度加大。因此在语法知识的教学过程中，教师必须采用合适的方法以保证学生有良好的学习积极性与学习效率。

（一）语法翻译法

语法翻译法是大多数教师都掌握的常规方法，其主要适用于基础薄弱的学生。在初高中阶段，教师可以采用该方法有针对性地培育学生的语法翻译能力与理解能力。语法翻译法具有独特的教学流程与特征，在讲解过程中常采用演绎法。教师需要先为学生讲清语法的基础规则，而后利用实际例句展开说明和分析，再后要求学生记忆语法规则，甚至需要背诵例句，最后通过练习活动来提升学生的应用能力。语法翻译法的核心在于将学生母语与语法目标语展开对比，以翻译的方式让学生掌握其本质规则，因此该方法也更注重语法的形式化教学，对于技能与语言运用的能力培养效果较差。在初高中衔接教学的第一阶段，教师可以采用该方法展开教学。

学生刚刚从初中升入高中时，语法知识内容突然增多，难度也明显增加，这就要求教师在开始教学时安排更多的主导性活动，带动学生适应高中阶段的学习状态。高中教材将定语从句的学习安排在必修一的模块一中，是学生步入高中学习的第一项难度较高的语法知识体系，而教师无法确保学生能够通过自主学习掌握相应的知识内容，因此语法翻译法在初步衔接教学的过程中具有良好的作用。教师可通过引导让学生回顾初中所学内容，进而学习高中阶段新知识，深入理解掌握关系代词的各种规则，让学生在大量例句的学习和实践训练中深化和巩固所学内容。在此基础上，教师再将学习内容拓展到关系副词的使用规则、例句等方面，让学生在更熟悉的环境下完成学习。

语法翻译法是比较常用的传统语法教学法，对于基础较薄弱的学生有一定作用。衔接阶段采用这种方法学生易于接受和理解，虽然偏传统和老套，但是还是较为实用。

（二）情景教学法

情景教学法是符合初高中学生兴趣与需求的教学手段，教师可以由此进行激趣建设，进一步巩固学生的知识掌握。情景教学法具有直观有趣、生动形象的基本特点，可以让学生更主动地参与到学习活动之中。在语法教学中应用情景教学法，可以有效改变语法教学的条款式记忆模式，将枯燥的语法知识置于形象生动的实际对话空间之中，让学生感受到课堂互动的趣味性，由此构建良好的课堂氛围。这样的教学设计不仅符合学生的心理需求，而且更容易获得学生的好感与喜欢。在定语从句的教学中，大多数学生表示更愿意接受情景教学法，展现出较高的课程评价。

初中学生在步入高中后，如果教师在教学时中直接讲授高中的知识，学生的适应能力会较差。因此，为保证课堂效率、激发学生兴趣，教师必须做好衔接教学设计，帮助学生更快更好地融入高中学习中。高中阶段的语法知识有更高的难度要求，而情景教学法是教师可以采用的重要手段。以定语从句为例，这是高中阶段学生学习的第一个语法知识点，教师在教学实践过程中可采用情景教学法实现定语从句的衔接教学。首先，初中阶段的定语从句主要以关系代词

that，who，which为主，教师可以在课上为学生设置情景，并通过对话练习引出相应的定语从句，让学生回顾初中学过的知识内容。比如可以播放奥巴马的一段演讲，引导学生聆听演讲并大概了解演讲的主题与内容。而后教师可以提出问题，Could you tell me what you listen to？并要求学生在回答时采用定语从句的句型，由此引导学生将that，who，which等关系词用在定语从句中。学生回答问题后，教师则可以将学生的表达语句进行记录，并讲解其中的定语从句相关的知识概念。最后，教师还可以给学生布置作业，要求学生写作一篇演讲稿，并在其中分别采用that，who，which等关系词引导的定语从句。通过这样的流程，教师可帮助学生熟悉旧知识，进而在作文分析的过程中引出新知识，以此达到衔接教学的目的。[27]

（三）任务型教学法

任务型教学法也是初高中教师在语法教学中应掌握的教学手段。该方法是以任务为核心展开教学活动，主要通过设计真实场景来建立明确的任务目标，以此引导学生展开学习活动。在英语教学中，教师需要创设真实情境，并在情境下为学生布置对话练习的任务，让学生在交际活动中熟悉真实情境下的语言表达习惯，感受其应用效果。同时，该方法注重学生的体验、实践、参与、探究、交流与合作。教师需要精心设计活动，让学生在实践与合作中发现问题并总结规律，形成自学意识，提升自学能力。

学生由初中升入高中后，语法学习的过程中会遇到大量问题。因为初高中英语课程具有明显的差异，尤其在语法知识层面差距甚大。这就需要教师掌握任务型教学法，通过设置任务活动的方式，让学生以独立或团队的方式完成探索，解决学生难以攻克的学习问题。在定语从句教学中，初中阶段的定语从句知识以关系代词为主，教师可以对此设计相应的教学任务：第一，出示三张图片，要求学生使用图片造句，每两张图涉及一个长句子，并要求用who，that，which其中一个词进行连接，由此巩固学生的初中知识基础。第二，对前面活动中造的句子展开分析，总结关系代词的使用规律与特征。学生可以通过小组讨论的方式总结成果。比如有小组提出关系代词可以发挥代词作用，并在句子之中承担主语、宾语或表语。有小组则提出，当先行词指人时，可用的关系代词为who, whom或that；指物时则需要使用which或that。该环节则通过旧知引出了新知，达到了有序衔接的效果。

（四）认知法

认知法也是初高中阶段重要的教学手段，是符合学生认知水平的教学方式。认知法更强调学生对知识内容的内化理解。在实际教学过程中，该方法重在引导学生理解并掌握语法的基本规则，而后依据规则完成应用实践。语言并非约定俗成的笼统规范，而是有创造性的基础规则，但不同的语言之间的语法也具有一定的相似性与协同性。认知法通常采用演绎法进行讲授语法知识，要求学生以母语为基础，通过理解母语中的语法规则对语法规则的宏观构建形成更深的理解，进而通过母语与英语的对照学习达到迁移学习的效果。

维果茨基的输入假说理论提出，教师应避免在教学过程中让学生死记硬背，而要建立以理解为基础的输入教学途径。认知法要求学生以真正的理解为基础展开学习。死记硬背更容易忘记，但语言之间的相互联系却是固定存在的，每一个句子在结构上都有其必然的联系性与规则，因此认知法可以更有效地达到教学目标。比如在定语从句的教学过程中，教师就要引导学生先明确定语从句的句型结构，明确理解先行词、引导词的功能。

对比初高中英语课文，初中阶段的课文以简单句为主，高中则有更多的复杂句。尤其在语法知识教学方面，高中的语法知识内容更细，难度也更高，因此学生必须从认知与理解的层次介入学习，才能真正掌握这些语法知识的应用方法。教师在衔接教学的过程中，要发挥认知法对学生的引导作用。仍以定语从句为例，初中阶段定语从句主要围绕which，that，who，whom等关系代词的用法展开，而高中阶段的从句内容包括关系代词、关系副词、介词+关系代词、非限制性定语从句等用法。在认知法的应用实践过程中，教师首先要强化学生对定语从句概念的理解，其次则要让学生学会利用which，that，who，whom及whose等词造句，让学生在理解的基础上进行实际训练，而后则要展开讨论分析，促进学生的内在消化。教师可为学生详细讲解关系代词与关系副词的差异，明确定义及用法，并让学生在自主讨论与思考中区别关系代词与关系副词。

总之，在初高中语法衔接教学中，教师要掌握认知法的引导方式，通过提高学生对语法知识的理解让学生具备应用实践的能力。

三、调整学生的学习策略

（一）培养学生的认知策略

维果茨基的输入假说理论提出，理解性的输入是最好的学习，也就是说学生在学习过程中应首先理解其知识内涵，进而才能真正掌握其应用，既知其然，也要知其所以然。认知策略即以理解性的输入为基本学习方式，主要分为复述、精细加工以及组织三项基本策略。教师在教学过程中，则要重点关注和培育学生的精细加工策略能力。精细加工以深入探寻知识字面意义背后的隐藏内涵为目标，引导学生将所学知识与已掌握知识建立连接。常用的精细加工策略包括位置记忆法、笔记记录、提问策略、了解背景知识、联系生活实践等。在语法教学的衔接过程中，教师可以认知策略的培养为基础，强化学生的认知水平和衔接学习意识。仍以定语从句为研究案例，教师在开展高中阶段的定语从句新知识讲解之前，应组织学生开展讨论与回忆活动，探讨初中阶段学习的定语从句内容，在教师的引导下快速回顾旧知识，并让学生通过造句等方式形成案例应用，在此基础上拓展新知识，进而形成连接关系，以促进学生的理解与应用。其次，教师在新知识的讲授过程中要注重新旧知识的对比讲解，一方面，可以分析关系代词与关系副词的差异；另一方面，可以对比限制性定语从句与非定制性定语从句的差异，由此既可以增强学生的记忆效果，又可以让学生明确二者的关系，避免混淆知识。当然，教师还可以将认知法和情景教学法进行融合，利用情境引导学生展开认知活动，进而达到更好的教学效果。

（二）培养学生的自主学习能力

《基础教育课程改革纲要(试行)》提出，基础教育课程的改革必须消除学生死记硬背、机械学习的情况，要借助活动类教学方式，让学生自主参与并积极探索，在动手实践、对话交流、信息处理的过程中完成学习目标。而自主学习能力的培养又要以学生的自立性、自律性和自为性为基础，尤其在语法模块的衔接教学中，教师更要着重培养学生的自主性，要让学生带着语法知识展开自我探索、选择、建构以及创造的活动，达到以自己为中心的学习目标。

学生从初中步入高中后，学习的内容增多、难度加大，同时课程种类也在增加，课堂教学过程根本无法满足学生完全掌握所有课程的要求，教师也没有充足的课时将全部知识点进行讲解与传授，因此学生的自学能力就成为影响学生高中学习水平的关键因素。教师应强化学生的自学能力与意识，将学习过程分为两部分，重难点知识由学生跟随教师学习，简单的知识内容则需要学生自主完成探索。在语法教学中，状语从句、定语从句、名词性从句等诸多复杂句或长难句是学生的一大难题，但在衔接教学过程中，教师无法完全依靠课时完成细节化、全面化的授课活动，因此学生的自学行为就显得尤为重要。以定语从句的教学活动为例。首先，教师可以通过布置预习任务的方式，引导学生在课前进行自主学习和回顾，思考自身在初中阶段所学习的定语从句内容，包括其基本定义、用法与结构关系等，由此帮助学生建立衔接的内容基础。其次，在课堂教学时，教师可采用情景法或任务型教学法，一方面，要向学生解释和讲授新旧知识之间的联系，并说明新知识的特征与应用方法；另一方面，则要展开讨论活动，让学生进行自主探究后合作交流，比如讨论定语从句的结构特点、探索限制性定语从句与非限制性定语从句的差异等，通过这样的活动设计强化学生的自我探索能力，同时提升学生的自我建构能力。最后，在定语从句相关语法知识教学活动结束后，教师还应组织学生开展训练活动。一方面，可以开展汉译英活动，通过给出汉语句子，让学生用定语从句进行翻译；另一方面，可以直接开展造句活动，为学生创建特定的情境，并利用情境关系与事件完成造句，以此培养学生知识应用的能力。

（三）转变学生的学习方式

学习方式与教学方式都是影响学生实际学习效果的关键因素。学习方式是学生学习过程中自主使用的方法，一般具有个性化特征。在初高中语法衔接教学中，教师需要引导学生找到合适的学习方法，以进一步提高学习的效率与质量。由于高中阶段的课程难度增加，学生需要掌握高效的学习手段，一方面，要将自主学习与实践活动相结合；另一方面，要加强与同学的合作与交流，以此让学生在学习中事半功倍。此外，高效的学习方式还能进一步减轻学生的压力与负担，让学生在学习中获得成就感与满足感。

但学生的学习能力有着明显差异，学习的习惯与兴趣点也各不相同，这就需要教师针对学生的学习特征与需求，引导其找到更合适自己的学习方式。对于教师而言，必须做好备课活动。首先，教师要了解学生的实际学情，可以采用不同的教学法尝试激发学生的兴趣，并关注学生的学习特征。尤其对于基础水平较差的学生，教师要给予更多的关注，从学生感兴趣的角度入手，让学生找到更积极的学习方式，让学生能够在独立探索、自主思考与合作交流中发现自身的优势与特长，进而激发学生的创造性发展。例如，在定语从句的教学中，教师要避免对定语从句相关知识概念的一味讲解，而是在简要解析后，利用案例、情境、活动等方式，引发学生的自主理解与总结行为。初中阶段已经学习了一些基础的定语从句知识，但初中阶段对语法知识的介绍较为浅薄，学生对于其结构、用法等了解不足，就需要教师为学生呈现案例并引导学生自主展开解析。比如“The girls who are reading English are from Class Seven. English is a course which is interested in by most girls.”这两个定语从句，教师就可以让学生开展自主探究活动，对比两个句子之间的差异和区别，进而让学生找到定语从句的应用规律，分辨who与which的使用情形。[28]这样就避免了教师主动讲解的枯燥性与被动性，而是让学生在自主思考中形成记忆与认知，达到更好的学习效果。因此，教师需要借助教学活动的设计引导学生转变学习方式，以此促进学生的可持续发展。

（四）开展任务型学习

在初高中英语衔接教学中，除了教师要掌握任务型教学法，学生也要具备任务型学习的能力。任务型学习同样是以任务为中心的学习方式，学生需要以任务目标为最终目的，通过独立探索或合作实践的方式解决任务问题。在高中阶段，教师一般要求学生采用合作的方式完成任务，一方面，可以促进学生之间的合作交流，以沟通与任务分配的方式促进学生内部的相互学习与补充；另一方面，可以通过合作的方式降低任务的解决难度，发挥学生的团队力量。任务型学习展现出高互动性、理解与表达协同发展的特征。

在语法衔接教学的过程中，教师同样要发挥出任务型学习活动的特征与效用。以定语从句的教学过程为例，首先，教师可以整合初中阶段所学定语从句的内容，比如关系代词、关系副词、定语从句的定义、用法等，在此基础上为学生设置学习任务，要求学生建立小组，并通过小组讨论的方式研讨初中定语从句所学内容的分类与应用特点，由此做好衔接基础。其次，在对初中知识进行巩固学习后，教师可以为学生安排新的学习任务，并将新知识融入其中。比如可以要求学生小组进行针对性的语法知识整理活动，分别探析关系代词、关系副词、关系代词与关系副词的区别、“介词+关系代词”的用法等，进而通过各小组之间的交流碰撞，达到任务交流与知识输入输出的目的。

四、教学案例

定语从句是学生升入高中之后所学的第一个主要语法知识。在学生调查中我们发现，大多数学生认为定语从句有较高的学习难度，相比初中所学习的状语从句、名词性从句等难度更高，也更容易出现混淆现象。在高一教材中，定语从句也是前三个单元的核心语法知识，下面我们以定语从句为教学内容，设计语法衔接教学案例。

（一）学情分析

本课以高一年级学生为目标。学生刚刚升入高中，虽然有初中阶段积累的词汇、句型、语法知识基础，但高中课程的学习难度陡然提升，需要学生做好学习准备。在定语从句的教学活动前，教师需要对学生进行调查分析。一方面，学生在初中阶段学习了一些基础的定语从句相关知识，能够分辨出常见的定语从句类型；另一方面，多数学生对详细的定语从句定义、分类、用法等认知不足，展现出语法知识体系不完善、语法基础薄弱等问题。

（二）教材分析

本课以人教版高中英语必修一第一单元为课程内容，主要学习who，whom，which，whose，that等关系代词引导的定语从句的用法。课前学生已经自主学习了含有大量定语从句的课文，本教案以定语从句的教学为开始阶段。

（三）教学目标

实践应用是语言学习的最终目标。在本课教案中，教学目标是引导学生充分理解关系代词，并能在实践活动中熟练使用定语从句进行表达，包括听、说、读、写、看等多种形式。具体目标如下。

（1）语言知识目标：了解定语从句的基本概念与结构，能够准确运用关系代词。

（2）语言技能目标：能在实践活动与对话交流中熟练使用定语从句，包括听、说、读、写、看各种形式。

（3）情感态度目标：保持对英语及语法学习的兴趣，具备良好的合作精神。

(4) 学习策略目标:能够找到符合自身学习习惯与能力基础的学习方式与策略。

(四) 教学策略

(1) 教学方法:“任务型教学法 + 情景教学法”。

根据学情分析,初中学生刚刚步入高中,其学习能力与基础水平相对不足,学习积极性也较低,因此教师需要采用更有效的教学手段。情景教学法可以有效落实兴趣建设任务,任务型教学法则可以提高学生的积极性与参与性,让学生通过合作完成学习任务。

(2) 教师辅助手段:多媒体。

使用多媒体辅助教学,利用多媒体的视听效果增强教学的直观效果。

(五) 教学过程

步骤1:导入。

活动:奥巴马演讲视频。

T: Have you heard of Obama, who was the president of the United States?

S: Yes, of course.

T: Have you ever seen any speech about him?

S: No.

T: OK, today let us watch a video about Obama.

目的:利用奥巴马演讲的视频吸引学生的关注,引起学生的兴趣,进而引导学生以模仿的方式展开表演活动,为后续的课程做好铺垫。

步骤2:呈现。

活动1:学生用英语复述奥巴马所讲述的内容。

当教师发现学生仅使用简单句进行复述时,教师可以主动将学生提出的短句转变为定语从句。

T: Now let's say something about the people and the things that they talked about in the video.

S: People doubt America.

T: That's very good. You mean that there is anyone who doubts America?

S: Yes.

目的:引导学生关注简单句如何转换成定语从句并体会其变化和特征,为学生的自主转换做好准备。

活动2:归纳定语从句的基本结构,为学生讲解先行词、关系代词等关键点的含义。

There is anyone. He doubts America. There is anyone who doubts America.

步骤3:练习。

活动:要求学生从奥巴马的演讲稿中找出全部定语从句。

Hello, Chicago.

If there is anyone out there who still doubts that America is a place where all things are possible, who still wonders if the dream of our founders is alive in our time, who still questions the power of our democracy, tonight is your answer.

It's the answer told by lines that stretched around schools and churches in numbers. His nation has never seen, by people who waited three hours and fours, many for the first in their lives, because they believed that this time must be different, and that their voices could be different.

活动结束后,随机让学生上台将找出的定语从句写在黑板上,其他同学进行补充,同时要求学生指出每一句中的关系代词。

目的:提高学生对定语从句结构的认知,让学生能够准确辨析定语从句。

步骤4:发现规律。

活动：将学生分组，并通过讨论活动分析关系代词所指代的先行词的类型。

目的：引导学生关注定语从句中的关系代词的使用特点，并归纳其与先行词之间的联系。同时进一步推进学生的表达能力、理解能力以及合作能力的发展。

步骤5：发现规律。

活动：利用多媒体呈现演讲稿的第一句话，由who引导的定语从句，要求学生将该长句改为两个短句。

If there is anyone out there who still doubts that America is a place where all things are possible.

= If there is anyone out there. Anyone still doubts that America is a place where all things are possible.

目的：引导学生领悟who的作用，归纳其用法，让学生通过句子的拆分过程找出其规律。

步骤6：练习。

给学生一些关系代词用法的填空练习，巩固和运用所发现和归纳总结的相关规律。

步骤7：作业。

Write a composition about your school life, using attributive clauses.

（六）反思

本节课以课标为基本指导理念，针对定语从句这一语法知识展开教学设计，以学生的实践应用能力为核心目标，同时以学生的良好学习策略培养为协同目标，进而设计整体的课程结构与活动环节。[29]整节课将学生视为主体，采用建构主义实践和落实，通过引导学生合作探究，逐步发现定语从句语法内部的规律与结构特征，进而在实践运用中形成输出反馈，达到知识输入输出的学习目的。

第七章
初高中英语听说衔接教学策略

第一节　初高中英语听说衔接教学现状

一、初高中英语听说衔接教学差异对比

（一）课程存在差异

就初中与高中阶段的教育环境而言，进入高中后，学生需要花更长的时间来适应高中教师的授课模式。在初中阶段，英语课程可能只是让学生能够应对周考、月考和期末考试，但是对于高中生而言，高三面临的高考是人生的一大转折点，丝毫不能懈怠。高中阶段对学生的口语和听力的要求都很高，因为这两项在高考英语中占有一定的比重，尤其是听力，是必考项。初高中英语课程存在的差异给初高中英语教学的衔接带来了一些问题。高中英语教师应该加大对这个问题的重视力度。

与初中比较而言，高中英语课程的知识量扩增，语法知识点更多且变化性更强。尤其在高一初期阶段，由于词汇量骤然上升，学生的听力受到较大的影响。面对大量生词，教师也无法像初中那样一个个具体去教授，大部分生词还需要学生自主学习并建立认知。如果学生在进入高中阶段的短时间内无法解决词汇量掌握问题的话，学生的听力会面临较大的问题。与此同时，高中英语涉及的话题更丰富，这也需要学生具有更多的生活与文化知识储备。一旦初中

阶段学生的拓展阅读与文化学习内容不足,学生在做部分难度较大的文章阅读或听力训练时就难以采用传统的上下文猜测的方式完成理解。

(二) 教学方式有所不同

初中阶段的英语课程难度较低,教师可以花费更多的时间和精力着重教授难点知识,以帮助学生掌握应用。同时,初中阶段的英语课程对学生听说能力的要求更高,高中阶段则更注重学生的读写能力,因此高中教师不仅没有更多的精力去关注学生的听说能力,在教学过程中也无法解析全部的例题与知识内容,这就使得大部分学生在学习过程中遇到困境与问题时,只能依靠自己的学习方法和策略进行弥补。

(三) 学习方式存在差异

初中阶段的学习中,由于所学习的知识内容比较少,学生多采用死记硬背的方式,并在一定程度上取得了较为良好的效果。但是到了高中阶段,由于知识更加复杂,因此对学生而言更重要的是建立良好的学习体系和学习观念,进而形成良好的学习习惯。这也是初高中阶段英语学习的最大区别之一。许多学生无法及时转换这种学习思路,导致高中英语学习不顺。因而在进行初高中英语衔接的时候,教师应通过有效的教学手段来帮助学生实现这种学习方式的转变。

二、初高中英语听说衔接教学方面存在的问题

(一) 学生的学习习惯比较差

由于初高中英语学习内容、学习难度、学习方法等都有较大差异,高中教师需要引导学生改变和优化英语学习方法,顺利度过衔接阶段,自主预习、自主复习、自主规划、自主巩固,养成自主学习的习惯。在没有教师引导的情况下,学生不知道学什么、不知道怎么学,英语听说学习更是如此。初中上课过程中多数情况是采用教师在上面讲、学生在下面听的模式,而且教师讲授过程中也是

以中英文结合的方式为主，这样一来，学生的听力就不能得到加强。听说学习方面学生的不良习惯主要有以下两点。

第一，学生缺少主动开展听力训练的习惯。在初中，听说训练主要在课堂中完成，且大多由教师提出要求并进行设计，而学生形成了接受教师的安排和训练的习惯，缺乏自主训练和探索的意识，更没有掌握独立训练的方法和技巧，比如在听力训练中规划设计、总结听力规律、摸索适合自身的方法等，否则学生自然无法达到良好的学习效果。

第二，学生的听力训练更侧重关键词。初中阶段的听力训练相对简单，学生只要听到关键词就能找出正确的选项，即可有效达成听力训练的目的。但高中阶段完全不同，高中阶段的听力训练更侧重学生对听力材料的整体理解，学生初中阶段的听力习惯反而有可能影响听力训练的实际成效。[30]

（二）教师的教学方法单一

大多高中英语教师并没有衔接教学的意识与理念，对高一新生的听力水平也缺乏公正的判别，这就使得高中教师在教学方式上与初中教师形成较大的差异。首先，高中英语课程更注重学生的自学意识和能力，因而会将更多的学习任务设计为活动，引导学生通过独立或合作的方式自主解决问题，而课堂上则以语法学习与阅读训练为主。刚刚步入高中的学生缺乏心理准备与习惯改变，通常无法适应新的教学方式。其次，高中教师会用更多的英语进行教学，甚至很多学校采用全英语授课，并采用正常交流的语速，这就导致学生无法适应并跟随教师的教学活动，进一步影响了学生的学习效果。

教师在衔接阶段的教学设计、教学方法和教学方式都是非常重要的，但实际教学中，教师的教学方法比较单一。教师需要改变单一的教法，结合现代信息技术手段，创设更多合适的情景，拓展更多的教学资源，培养学生语言学习的良好习惯。

第二节　初高中英语听说衔接教学改进策略

一、夯实语言基础

（一）过好语音知识关

第一，进一步提升学生音素发音的正确性。教师要通过口形、舌位等指导方式帮助学生掌握正确的发音方法。第二，采用适当的教学形式强化学生对读音的变化认知，比如读音的同化、不完全爆破、连读现象等。第三，完善学生的语调知识，引导学生逐步通过语调来判断说话人的情感意图与态度。

（二）扩大词汇量

教师应教会学生采用科学的方法学记单词，比如按照发音规则读记单词、采用构词法进行记忆等，以此掌握记忆和学习单词的基本方式。同时，教师也要落实语境教学的基本原则，为学生构建真实的对话情境，并让学生在情境中运用词汇，以此达到应用中学习的目的。

（三）扎实语法教学

语法是影响学生听说能力发展的关键因素。教师要借助真实语境的创设技巧，同时利用归纳法、演绎法、任务教学法等方式，避免学生枯燥地接受语法知识，而是利用情境故事与对话过程，让学生在感兴趣的环境氛围下理解语法的基本规则，进而帮助学生规范化发展听说能力。

（四）进阶听力训练

初中教师在听力训练中的设计较为保守，一般听力训练内容都是教学大纲内部的素材，只有在训练学生语感时会使用英文电影片段、英文歌曲等内容进行拓展。这主要是因为初中阶段对学生的听力能力要求的水平较低，而教师担心拓展内容会增加学生的学习负担,因此在听力训练中较为受限。进入高中阶段后,课程对学生的听力水平有着更高的要求,但是在衔接教学阶段,教师仍要根据学生初中听力的学习情况展开科学引导。对此,教师可以采用以下几种方法。第一,拓展训练+互动。一般听力课堂的活动与同步测验会结合展开,通过教师或学生之间的互检过程完成评价。教师除了对学生听答的注意事项进行强调外,很少进行互动。而在高中阶段,听力内容的拓展是提升学生听力水平的重要方式,因此可以在听的过程中或结束后,增加师生互动的环节。这样一方面,可以让学生交流听力训练的效果与心得;另一方面,也可以由教师为学生讲述超出大纲范畴的拓展内容,以此强化学生的突破式体验。第二,精听+泛听。在听力衔接训练环节,教师可以不必按照常规听力训练的形式和要求展开。针对学生需要达到的水平层次,教师可以将听力材料进行反复播放,让学生在精听、细听中逐步消化。而对于拓展素材或知识板块,教师则可以利用娱乐放松或游戏的形式进行播放,让学生在泛听中了解即可。第三,正常语速+稍慢语速。初中阶段的听力训练是低于正常交流语速的,而高中听力基本按照正常沟通对话的语速展开。在衔接教学过程中,教师需要让学生逐步适应听力语速的变化,因此可以采用两种语速组合训练的方式,先让学生聆听正常语速,而后再播放稍慢语速,由此让学生不断补充和完善听到的内容,进一步提高学生的听力水平。[31]此外,教师还可以在课堂教学中采用全英文或增加英文使用的比例,让学生逐步适应聆听英语的环境。

二、积累背景知识

在听说教学过程中,教师同样要发挥教材及教材背景知识的作用,通过英语文化知识的讲解与熏陶进一步拓展学生的知识面,并且引导学生从文化层面理解英语的内在含义。教师要拓宽学生学习和了解英语的路径,一般来说,英文影片、电视节目、上网查找相关知识等途径均可以让学生感受英语文化,并在积累文化知识的过程中强化听说能力。

我们不难发现，相较而言高中英语的相关内容要远远超过初中，不仅数量更多、范围更阔，而且层次也更深、更抽象。因而在听力衔接教学中，教师必须拓展学生听力内容的范畴。教师应依据对学生的调研结果，针对初高中英语听力训练的变化因素展开拓展教学，进而将衔接目标进行融合。

具体来说，教师在培养学生的听力习惯时可以使用下列方法。首先，在课余时间，学生比较轻松的情况下，可以让学生泛听一些专门的英语材料，可以是高中英语听力材料，可以是类似于新概念第二册这种短篇的专门学习材料，也可以是VOA慢速英语之类的材料。这种泛听不强求学生完全听懂其中的内容，而是看看学生能否抓住大意，讲出听到了些什么，有单词听到了但没反应过来时可以试着根据读音拼写单词。其次，可以建议学生早上起床就把英语听力材料播放着，洗脸刷牙、吃早饭时都可以听到英语，长期坚持，听力能力将会有大大提升。

三、激发内在动力

听说能力的培养不仅需要漫长的教学过程，而且需要建立循序渐进的训练途径。教师可通过调整教学方法，逐步让学生的听说能力得到提升。同时，教师也要为学生创设多元的活动情境，让学生拥有更多参与活动的空间与平台，进而依据这些活动构建语言支架，逐步在由易到难的学习过程中突破瓶颈，从中获得成就感与收获，由此实现学生自信心的建设。这也是学生听说能力及学习动力的重要构建过程。[32]

首先，教师要培养学生常读英语的习惯，一般可以将早读课、课堂活动、课后作业作为学生听读训练的多元途径。比如，可以让学生模仿录音大声朗读，进而逐步形成英语语感和掌握正确的语音语调。同时，教师也要拓展学生的阅读材料，推荐学生阅读合适的文章、杂志、报纸、名著等，让学生积累更多的语言知识。再次，教师要培养学生听英语的习惯。除了课堂听力训练外，教师还应拓展学生的听力练习途径。比如在课堂教学中采用全英文、组织学生开展英文演讲或报告活动、要求学生使用英文回答问题、课间聆听英文歌曲或广播等。此外，教师还要培养学生说英语的习惯。最后，在课堂环节，除了口语交流与对话任务外，教师也要让学生将说英语融入生活学习之中，比如在师生问候、值日报告、课堂交流中坚持使用英语。这样可以有效提升学生说英语的能力，积累更多的口语材料。在课外，教师则可以通过设置英语角、开展英语广播活动、组织英语节目汇演等方式，培育学生听说的习惯。

四、夯实听说教学

在听说教学中，教师应从学生的听力、口语以及听力素养三方面入手。第一，教师要设计有效的听力教学活动。学生之所以“惧听”，很大原因是传统的听力教学模式。在这种教学模式中，教师负责播放录音，校对听力答案，学生处于被动状态，听力教学目标难以完成。这种教学容易导致学生产生对听力学习的畏惧和厌烦。因此，在听力教学中教师要善于搭建语言支架，设计好听前、听中、听后这三个环节的活动，层层深入地实施好听力教学。 第二，教师要建立有效的口语教学活动。一方面，教师应充分搭建语言框架，设计必要的话题输入，排除学生语言表达的障碍，让学生有话可说，让学生的口语表达水到渠成；另一方面，教师应引导学生按话题积累语料。在教学时教师应讲究纠错方式，不能逢错必改，而要采取鼓励、肯定的态度，在必要时纠正其错误。第三，教师要强化培养学生的听力素养。除了需要让学生多听之外，也要完成衔接，更重要的是要对学生进行听力素养的培养。比如培养学生自主进行听力训练的意识，增强学生的综合知识储备等。比如，强化学生意群能力的培养。教师常试图通过增加学生词汇量的方法来完成衔接，并发现这能够起到一定作用。但高中所涉及的词汇量非常大，不可能带领学生完全涉及。[33]因而，教师需要使学生掌握通过上下文或语境来猜词的能力。这可以通过一些有趣的猜词游戏、联想训练来实现。比如“At the end of the 16th century, about five to seven million people spoke English.”一句，教师可以提问：“谁来说一说，million是什么意思？”还有，多引入些社会现实生活题材的内容作为日常听力语感训练的材料，在训练学生听力的同时，丰富学生的人文、社科知识的储备量。如从电视台的英语频道下载些新闻、天气预报、戏剧、电影，让学生听并进行粗略解译等。这些活动既有一定的趣味性，又能拓宽学生的综合视野。一些健康的国外素材也可组织学生听一听，提升其跨文化素养。此外，教师还可以依托教材开展专项训练活动，通过每周固定的专项训练，进一步练习学生的“耳感”，培养学生的“语感”。与此同时，教师还应进行必要的方法指导。一方面，教师要引导学生学会听前“看”，通过听前查看、解读题干与选项，来激活相关知识和预测听力范围及内容，让学生带着问题去听，提高听力的效率和准确率。这一步骤也有助于缓解学生的心理焦虑。另一方面，教师要引导学生学会听中“记”，听中边听边记，记录方式力求简洁，不能影响听力进程。学生也可以创造一些自己看得懂的符号。同时，听中的活动，教师务必指导学生不要逐字逐句，而是要理解好主要内容，记录要点。

第八章
初高中英语写作衔接教学策略

第一节　初高中英语写作衔接教学现状

初中学生在步入高中阶段后，在写作活动中往往容易出现单词拼写错误、句子结构不完整、语法表达错误等问题。高中教师在写作教学中也面临着学生写作水平参差不齐、差距较大的问题，使得教师的写作教学受到较大影响，甚至无法确定科学的教学切入点。这种种原因都使高中阶段学生的写作能力出现较大差异。落实并提高写作教学的成效是英语教师的重要职责之一，尤其在高一年级，教师必须做好写作的衔接教学，以保证学生达到应有的水平。衔接是指使用某种方法将原本分离的两个事物连接起来，而教学过程中的衔接，就要借助教学方法和教学活动，将前后两个教学阶段的知识内容连接起来。在写作衔接教学中，教师必须关注学生初中阶段的写作习惯和水平，进而过渡到高中阶段，并培养学生新的写作习惯与更深层次的能力素养。

依据维果茨基的最近发展区理论与皮亚杰的认知发展阶段理论，教师应从学生认知层面展开初高中英语写作教学的衔接设计。对于初高中学生而言，认知发展是带有同化性的认知结构重构的过程，可以推进学生认知按照一定的顺序不断拓宽，各个阶段都可以视为对上一个阶段的延伸，而前一阶段的结构也会受到后一阶段的影响，并逐步取代。初高中学生属于不同的认知发展阶段，教师必须关注学生的学情并根据学生的实际发展阶段来引导学生开展写作训练，达到由初中写作能力过渡到高中水平的要求。

针对学生的认知发展，维果茨基提出了“最近发展区”的概念，即在学生现有发展水平的附近，存在一个学生可能发展的水平区域。只要不断扩张这个发展区，学生的能力就会不断提高，进而形成可持续发展的效果。在初高中写作衔接教学中，教师要关注最近发展区的引导价值，通过新旧知识的衔接训练，提高学生的潜能，逐步拓宽学生的词汇、语法知识等内容，达到更高效的教学效果。

一、初高中学生英语写作能力现状与差异分析

初中学生或刚刚步入高一的学生，在写作方面大多表现一般，平均分数为6～7分，主要存在的问题包括审题不认真、不尊重原句含义、随意更改句意、句型掌握不熟练、受到母语表达影响、语病较多、表达能力不足、词汇错误较多、词汇量有限、写作素材贫瘠、写作结构与布局较差等，其根本原因在于初中课程更注重学生听说能力的培养，使得学生的读写能力相对较差。到了高中阶段，对学生能力的要求有了较大提高。

（1）要求词汇拼写和标点应用正确规范，能准确应用词汇与语法结构。

（2）要求能流利使用语言，在写作表达中保持通顺流畅，且具有良好的信息传输效率。

（3）要求语言表达得体，符合写作内容所创建的情境与语境。

（4）要求审题全面、准确，写作表达不跑题、不偏题。

（5）要求卷面规范、整洁，不反复涂改。

事实上，中考英语作文命题要求是依据“义教课标”中的五级目标而设计的，要求学生能简单描述人物或事件，能使用常见的连接词表示顺序和逻辑关系，能根据所给图示或表格写出简单的段落或操作说明。高中课程标准（实验版）则要求学生达到七级目标，能用文字及图表提供信息并进行简单描述，能写

出常见体裁的应用文,能描述人物或事件,并进行简单的评论。但七级目标是对学生高中毕业时的能力要求,通过对照两个级别的目标可以发现,五级目标主要要求学生能够描述人物与事件,而七级目标则增加了评论的相关内容,并要求学生能够掌握不同的文体,显然对学生的自主性、创造性有更高的要求。"课标2017"在语言能力二级素养要求中提出的要求是"有效地陈述事件,传递信息,表达个人观点和情感,体现意图、态度和价值取向",语言能力三级素养要求是"准确,熟练和得体地陈述事件,传递信息,表达个人观点和情感,体现意图、态度和价值取向"。通过对比我们发现,高中对语言能力素养的要求更高。

中考更关注学生对基础知识的掌握程度,而高考则是要选拔更优秀的人才。在不同的考试目的下,考试的内容与要求也会发生较大的变化。因此,在初高中衔接教学的第一步,教师一方面要让学生意识到两个学习阶段终极目标上的差距;另一方面也要依据学生的实际情况与需求,提供灵活多变的教学方法。

二、初高中英语写作衔接教学存在的问题

高中英语教师不仅要了解高一学生的写作水平,同时也要明确高中阶段对学生写作能力的要求,进而在衔接教学中突破困境,达成有效的衔接教学。目前,在衔接教学设计中还存在如下问题。

(一)与课标要求的脱离

初中教材容量更小,内容更简单,因此初中英语教师在教学时更容易调整知识结构,以落实新课标要求。高中英语课程不仅内容更繁杂,而且多数高中英语教师缺乏初中英语教学的经验,并不了解学生在初中学习的内容与知识结构,因而在高一年级的写作教学中,可能出现与课程标准要求的脱节。比如,教师常采用"写作文—讲评—背范文"的模式,不仅效率低下,而且趣味性不足,学生的自主性与参与度都受到影响,也不符合语言教学基本顺序(输入到输出),

进而并不能达到良好的教学效果。[34]

（二）教学起点过高，难度太大

教学起点与课程容量是影响学生持续性学习效果以及学习兴趣的关键因素。多数学校的教师采用循环式带班模式，即刚刚教高三学生的教师在送走一届学生后就会重新带高一班级。但是在高三紧张气氛的影响下，教师对新生的要求往往超出了预期，甚至还会从高考的角度设计活动与考查。这样的教学使得学生突然接触到过难的问题与知识，不仅难以快速解决问题并获得成长，而且还会造成学生的畏惧心理，产生负面影响，严重削弱学生的自信心。

（三）教学与考试脱节

在高一年级考试试卷的设计过程中，多数教师仍然从高考的视角出发，设计的考试内容难度过大，过早与高考联系，进一步提高了学生衔接学习的跨越度与难度，尤其在写作部分，很多教师直接使用高考题目，使得学生在实际写作时遇到较大的障碍，无法感受到英语学习的成就感与收获。学生认为课堂学习的内容与考试内容差距过大，甚至会认为课程内容对能力成长无用，由此逐步产生放弃的心态，失去了学习的兴趣和积极性。这会严重影响学生写作能力的发展。

（四）学生的心理变化

学生在刚刚步入高中阶段时，往往会带有一定的新鲜感与美好憧憬，但课程内容与教学活动的高要求会使学生在学习过程中出现自信心受挫等问题，进而使学生产生畏难情绪，无法适应高中阶段的课程难度与学习要求。在心理落差的影响下，学生也会产生学习信心减弱与学习兴趣消退的情况。然而写作教学需要学生保持良好的兴趣基础与自信，进而在不断训练和积累中提升能力，如果在写作之初学生就产生兴趣缺失的情况，学生的写作能力发展将会难上加难。

(五)具体的写作问题

1. 词汇方面

词汇是组成句子的基础单位,更是写作的关键要素。任何语言技能在表达过程中都需要词汇作为基础,而词汇量的大小与词汇的熟练运用程度就成为影响写作水平的关键因素。当前多数高一新生面临着不同的词汇学习问题,如拼写错误、形容词错用、名词错用、冠词错用、代词错用、介词错用、动词错用、词组错用等。

2. 句法方面

句子是组成语篇的基本单位,是写作的核心要素。学生在作文写作中常见的错误即句法错误,一般包括主谓不一致、句子成分缺失、句式杂糅、时态不一致、人称不一致、汉语思维句子等。

3. 上下文衔接

将句子连接成语篇是学生写作表达的必要要素。学生常见的问题在于无法保持文章内容的连贯性与统一性,同时也存在素材匮乏的问题。这主要是因为学生在写作时无法意识到句子之间或段落之间的结构关系,也无法采用合适的衔接句进行连接,使得文章缺乏递进关系,更像是将很多句子简单拼凑在一起。

第二节　初高中英语写作衔接教学改进策略

一、理清句子基本成分,掌握基本句型

很多高中学生的写作能力较差,无法使用英语准确表述自己想表达的意思,其根本原因在于学生习惯了汉语的表达结构与句式关系,而对英语句子的成分、句型等了解不足,甚至只有模糊的认知,使得其写作时容易出现漏洞和差

错,或只会用简单句表述。对此,教师要帮助学生明确句子成分的划分,掌握五种简单句的基本句型结构。

1. S + *Vi*(主语+不及物动词)

I worked in 1998.

He is studying in the classroom.

They have arrived.

2. S + *Vt* + O(主语+及物动词+宾语)

I like swimming.

He is reading English.

3. S + *Vt* + IO + DO (主语+及物动词+间接宾语+直接宾语)

His father gave him some good advice.

His teacher always offers him help.

4. S + *Vt* + O + OC(主语+及物动词+宾语+宾语补足语)

He asks his friend to help him.

The pen cost me one dollar.

5. S + Link-verb + P (主语+系动词+表语)

He is clever.

They are doctors.

The soup tastes delicious.

在学习了以上基本句型后,教师还要引导学生学习更多的例句,同时开展自编造句活动,或者创设趣味情境让学生写作小短文。通过这样的实践练习,教师可以深化学生对句型的应用和掌握,进而让学生能够准确使用英语表达自己的意图,并实现建立兴趣与自信的目的。

二、利用单元写作任务，挖掘教材写作资源

在写作衔接教学中，教师应该围绕单元写作要求，充分挖掘相关资源。例如在牛津版教材中，每一个教学模块都设计了一个task板块，并通过该板块布置写作任务。在实际教学过程中，很多教师都忽略了这个小板块，实际上该板块对于学生的语言综合能力发展具有重要价值。例如模块一第二单元的task板块中设置了写一封建议信的任务。该板块通过听、读、写三个任务来逐步展开。前两个任务是对学生能力的引导，也是素材的输入。当学生理解了听力材料与阅读语篇后，即可构架起更完整的写作支架，从而在写作活动中达到更好的训练效果。[35]

刚进入高中的学生不宜直接进行写作练习，教师可以先让学生应用五种基本句型结构进行一些翻译练习。当然，不是随便找一些句子来翻译，而是围绕单元主题、单元重点单词、重点短语等选择翻译内容。这样既学习巩固了句型结构，又有助于相关主题核心词汇的学习和掌握，促进词块等基础知识的积累。待学生对基础词汇、句型结构、话题素材都有一定程度的掌握，能够活用基本句型来表达思想之后，教师就可以安排学生结合并列句、复合句、非谓语结构等进行训练。这种句子翻译训练还可以以小作文的方式进行。教师可以找5个单元的核心词汇让学生进行短文创编，也可以让学生写三五个句子，句子写得短的就多写几句，句子写得少就稍微加大难度，可以视学生基础而定。此外，教师还可以在课堂上进行限时翻译，讲解多种翻译方式，总结错误，归纳好的表达让学生背诵，这样在翻译中提升作文表达能力，落实写作训练。

以往在写作课上，教师“教”的过程与学生“学”的活动往往是分离的，教师的关注点容易产生偏移，过于重视学生的写作知识积累而忽视了对其综合能力的训练。在高中阶段，高考是学生的直接目标，也是给予学生和教师压力的关键因素。这使教师在教学过程中容易忽视英语学科的语言属性，而过于强化学

生的解题与应试能力。写作教学显然需要学生长期经验的积累,更需要学生语言思维与各项技能的辅助。如果教师不能改变教学思路,学生写作能力的发展就会被严重限制。

所以,要想做好写作衔接教学,教师必须优化写作教学方式和写作活动。写作是长期坚持的结果,贯穿平时教学中,不是一蹴而就的。比如听力训练会让学生对词汇更为敏感,阅读课外读物会让学生写作时有话可说,对课文的缩写将有利于培养学生的归纳总结思维训练和语言组织能力,用核心词汇复述课文或创编短文可以增强学生的写作敏感度等。这些都会为学生的高中英语写作打下坚实的基础。

三、改善写作教学模式,激发学生学习兴趣

在初高中英语写作衔接教学中,要保证学生从初中到高中的顺利过渡,教师必须改进教学模式。教师应坚持以学生为中心的基本原则,同时以"输入—输出"理论为教学指导,将阅读与写作展开联合,进而为学生构建完整的写作训练支架,让学生在写作中获得乐趣与成就感。语言输入假设理论为语言的教育学习提供了重要指导这一理论认为可理解性输入是语言学习的重要方式,对于学生的语言学习效果有明显作用。语言输入理论得到进一步拓展与补充后,又形成了可理解性输出的基本理论。语言输出理论提出教师在教学过程中不仅要关注语言输入的基本质量,还要积极为学生提供语言输出的平台,以最大限度地激发和调动学生的动机,进而将输入信息转化纳入新通道内。

常用写作教学模式有以下三种。

(一)控制式

控制式写作也叫封闭式,教师需要控制学生的词汇、句式、语法及内容,以保证写作的主题、质量与主要内容。对于语言基础与技能训练,这种方法展现出良好的作用和效果。在课堂教学应用中,教师可以采用仿写、串写等方式。

牛津版高中英语模块一第一单元的主题为学校生活，这也是学生进入高中后接触的第一个单元，而大多数学生也正对高中的校园生活抱有期许和憧憬，同时对初中生活也有深切的怀念之情。在这一单元的写作教学中，教师就可以要求学生模仿Reading课文School Life展开，从作文的主线、语言、结构、内容以及修辞等方面引导学生深度把握其关键所在。在阅读教学中，教师已经引导学生对课文内容、结构进行了分析，并挑选出精彩的句型与用法，因而在写作练习中教师可以省去大量的文本指导环节。[36]

（二）开放式

开放式写作与传统模式大不相同，需要教师充分了解学生，并能够针对学生的能力与实际的发展需求，制订培养学生的观察能力、想象能力和表达能力的教学活动。开放式写作关注学生的思辨能力与创意思维，一般需要借助活动载体展开。课堂教学时，教师可以采用的手段有课文续写和学生接力写等。牛津版高中英语模块五第一单元中的主题为Getting Along with Others，不仅属于考试热点，也是高中生必须面对和解决的重要问题。因此，教学中教师可以结合Reading部分的课文内容展开设计。在课文内容学习中，学生可以了解到同学间出现矛盾后可以通过写信咨询的方式处理。在阅读学习活动后，教师可以让学生开展讨论，探析帮助这两名学生解决矛盾的方法。最后将成果汇总制作为一份表格。在这样的活动过程中，学生已经对如何解决该问题有了一定的想法，因此在后续的写作练习中，教师可以安排学生通过写信的方式回复倾诉者，并在回信中告诉倾诉者如何处理与同学的矛盾。在这样的教学设计中，课堂阅读的活动环节为学生构建了写作练习的基本支架，学生可以从成果表格中选出自己认同的观点，将其表述为一段文本，从而将自己的观点进行有效陈述。这种模式不仅激发了学生的写作自主性，让学生自主思考，同时也为学生提供了素材与支架，是提高学生对高中写作要求的适应性的重要方法。

(三) 鼓励学生写随笔和周记

写作是一项需要不断训练而逐步提高的技能,因此教师必须鼓励学生时常练习。在高一年级,教师要鼓励学生每天写1~3个句子。这些句子要符合生活实际,既可以记录学生自己的生活经历,又可以发表自己的观点或表达自己的情绪,还可以分享自己的学习技巧。又如在学习基本句型时,教师可以让学生每天练习简单句;在学习定语从句时,教师可以要求学生写含定语从句的复杂句。教师可以每周定期收一次作业,检查学生的写作积极性,但不必一一批改其错误,而是鼓励学生持续记录,使学生习惯用英语句子准确表达自己的情感,由此不断降低学生对写作的畏惧心理。

写作教学也是英语学科的教学难点之一。多数学生没有好的写作积累、写作方法和写作习惯,在衔接学习过程中写作兴趣不足,写作能力难以得到有效提升。长期如此,学生的写作能力必然会无法提升,英语课程效率也会不断降低。所以,为了做好初高中写作教学衔接,高中教师可以让学生先进行一些开放式的随笔,比如英语日记、英语周记、英语课文缩写、单元核心词汇主题创编等,以此提高学生的写作兴趣。这些练习的重点在于句式和语法的基础应用以及写作思维和能力的培养,培养学生善于观察总结的思维品质。长期坚持下去,学生对英语各种类型的作文都能够应对,都有话可说。随着高中课程的深入,教师需要逐步拔高要求,要求学生保证字数和质量,最终提升写作能力。

四、重视日常素材积累,培养英语写作习惯

词汇是英语之基,写作之魂,更是学生学习过程中的难点之一。在初高中阶段,学生的写作能力在很大程度上会受到词汇量的影响,而学生的单词记忆方法较为单一,且效率低下,无法为写作提供良好的条件。因此,在写作教学前,教师需要进一步提高学生的词汇与素材的积累能力,并由此养成良好的写作习惯。首先,教师应要求学生系统化地复习音标和学习构词法,引导学生熟

练掌握语音规则以及词根词缀、构词法等词汇记忆法，让学生掌握技巧。比如在tough和rough的单词学习中，教师可以引导学生从读音出发，分清这两个单词的特征。又比如在学习college和colleague时，教师可以让学生回顾其他相似的词，比如aboard，abroad，broad，board等，让学生结合读音语义进行总结。又如在picture，furniture，signature，temperature等单词中，-ture位于词尾一般读作/tʃə/。教师可让学生探索和发现更多相似的单词，比如lecture，adventure，nature，agriculture等，以此总结经验并了解字母组合的发音规则。又比如根据学过的单词official中-cial发/ʃl/，可以进而了解facial, social, racial, financial, beneficial, commercial等词汇，这对于学生记忆单词具有重要价值。还比如在学习independence一词时，教师可以先引导学生确立词根depend，而后找出否定前缀in-，确定名词后缀-ence，最后学习-ce结尾的名词常变为-t而转换成形容词。这样学生可以学习dependence，dependent，independent等词，还可以根据副词后缀派生出dependently与independently等。[37]在这样的学习过程中，教师可以让学生根据词汇的读音、词缀、构词法等方式完成记忆。

针对学生词汇应用能力不足的问题，教师可以采用词块教学法。比如初中时学生学习了be harmful to，教师可以在此基础上拓展do harm/damage/an injury to sb./sth.，以此强化学生对词汇的搭配用法。同时，教师可以让学生学会词汇用法归类，比如根据ask sb. to do sth.的复合结构可以推出order/tell/want/require/like/urge/would like sb. to do sth.等用法，学生只需要根据情境、情绪的差异而选择用词即可。[38]

写作积累不仅需要教师的引导，还需要学生自身的努力。教师应建立监督机制，以保证学生能够定时定量完成积累任务。教师可以采用分小组听写单词的方法，随机抽查5～10个单词的来考查学生的学习成果。此外，写作就像建造一座大楼，仅有设计图还不够，必须有完善的、高质量的材料作为基础，配合良好的技术与设备。要想学生完成好的写作，教师就要关注学生写作素材积累习惯的养成。教师可以要求学生建立一个素材整理手册，在阅读课程、课外阅读等过程中，积极记录其中的佳句。比如有学生在学习牛津版高中教材模块一以后，记录了如下句子：

（1）Going to a British high school for one year was a very enjoyable and exciting experience for me.

（2）He also told us that the best way to earn respect was to devote ourselves to studying and achieving high grades.

（3）It was a struggle for me to remember all the faces and names.

（4）This is not a family where bad behavior goes unpunished.

（5）Families will be able to spend the maximum amount of their precious time enjoying each other's company and the minimum amount of time doing housework.

（6）Nothing is more important than health.

（7）We should not be embarrassed about our weight.

（8）Healthy eating along with regular exercise is probably the only way to become fit.

（9）A good amount of sleep every night is also important for your health.

（10）Exercise is something that can help to make you look good, feel good and be healthy.

除此之外，教师还可以让学生在积累句子的同时进行分类，如名人名言、优美修辞、特定话题等，甚至可以利用早读等环节让学生进行诵读或背诵，以提高学生对相应素材的模仿与应用能力，从而提升学生在英文表达上的准确性和优美度。

五、兼顾常用高级句型，提高学生写作水平

掌握好的句型也是提升学生写作水平的重要方法。从高一开始，教师就应

强化学生对常用句型以及高级句型的运用能力，让学生在写作练习中融入不同的句型以突出作文的美感，同时也更符合英语表达的习惯。比如在写信时，学生要掌握“I am more than delighted that you are keen on Chinese traditional culture... My suggestions are as follows.”或者“So delighted am I to hear you are absorbed in Chinese calligraphy that I am specially writing to give you some relevant information about it.”等输入性开头句型，也要掌握“I would appreciate it if you could take my application/suggestions into account.”等结尾句型。教师可以通过列举例句的方式，加深学生的记忆。[39]例如：

（1）It作形式主语。It is + *adj.*/*n.*/*v*-ed + to do/doing /clause：It is important to learn English. It is no use complaining about it. It is said that our school will hold an English Speech Contest next month.

（2）There be 句型。There be/stand/lie/exist...：There is a book on the desk. There are five students in our class who want to compete in the English Speech Contest next month.

（3）倒装。常见句式：Only + 状语（从句）位于句首；so + *adj.* 位于句首+ that等：

Only in this way / Merely via this means can we solve this problem.

So delighted am I to hear you are absorbed in Chinese calligraphy that I am specially writing to give you some relevant information about it.

On no account / At no time / In no way can we depend on others.

被动语态、非谓语结构、强调句型、虚拟语气等，教师都可以在教学过程逐渐让学生进行输入式背诵默写，再逐步灵活运用。

六、培养日常纠错习惯，提升写作思维品质

由于受到汉语思维习惯的影响，学生写作时经常会出现一些低级的失误，

比如语法错误、词汇拼写错误、用词不当等。在实际研究中我们发现，学生的语言错误具有一定的特征与规律，且呈现出一定的普遍性。对此，教师可以建立纠错手册，及时记录学生的错误，并进行针对性讲解，以帮助全体学生脱离困境，降低简单错误的出现频率。这些错误主要出现在以下几个方面：

（1）词汇记忆不准确，混淆词义、词形，词性模糊似是而非，变化形态未掌握、对词性的记忆存在模糊等。如将applaud当成名词，write的过去式wrote、过去分词written和现在分词writing写不准确，thinner和occurring重读闭音节双写问题老犯错等。

（2）汉语式英语大量存在，如将There be句型错用为There have。

（3）冠词错误，用不用冠词以及如何用冠词模糊，甚至常常误用a和an。

（4）介词错误，尤其是忽视省略介词的正确用法。如spend后常常错误地接to do，忽视省略介词in。

（5）动词错误，混淆及物动词与不及物动词，后面接不接宾语不清楚。

（6）时态混乱，不关注事件发生的时间段，一篇作文里各种时态混杂。

（7）其他错误，比如主动被动不分、代词指代不清、单复数不分、主谓不一致、名词的复数形式和动词的单数第三人称变化误用、句子缺少谓语动词、be动词直接跟动词原形、动词原形作主语、标点混乱等。

教师可以在作文评改的环节中对学生的写作错误进行总结并纠正，通过矫正训练让学生逐步降低出现低级错误的频率。另外，教师还可以采用面对面批改的方式，或者引导学生开展互相批改的活动，让学生利用纠错本记录自己的问题，进而形成警示作用。但需要注意的是，教师讲评作文时不能对学生过度批评，要找出错误并纠正，强调的是纠错而不是指责。同时，教师也要关注学生的进步之处与优秀表现，进而对学生的写作做出及时的鼓励和表扬，营造一个良好的写作氛围。

七、注重衔接活用连词，提升学生写作美感

假设句子是一颗颗精美的珍珠，连接词就是串联珍珠的线。连接词运用得当，不仅可以显得文章一气呵成，有行云流水之感，还会进一步呈现出文章结构的完整性。学生在写作时通常对连接词的使用并不积极，教师应在教学中强化学生对连接词的应用，比如刚开始要从 and，but，firstly，secondly，next，finally 等简单词汇开始，而后可以要求学生掌握 as far as someone is concerned，from where I stand，from my perspective，to begin with，besides，that is to say，however，therefore，furthermore，moreover，additionally，what's more，worse still 等更加高级的表达。[40]这一教学任务同样要从高一年级开始，由此为学生适应高中写作而奠定衔接基础。

语法是语言表达的基本规则和依据，是保证语言表达精确性与正确性的根本原则。语法是英语学习和表达过程中的基础所在，也是写作活动中不可替代的关键内容。在初中阶段，由于语法知识的学习过于简单，学生只需要对句型进行简单记忆即可掌握，进而能够应对语法相关的考核要求。但高中语法知识点多、语句复杂、学习难度大，教师必须帮助学生化繁为简，实现语法知识点的分解。教师可以通过强化学生的语法练习来提高学生的语法基础，进而在从基础到深入理解的过程中让学生平缓过渡到高中阶段，并掌握英语的五大基本句子结构，通过专项练习促进学生对初高中语法的衔接掌握。而在语法掌握的基础上，学生可以进一步分清句子种类与特征，进而在连接词使用时能够更加熟练，能够通过连接词突出情境的转变与内容的变化关系，从而全面提升作文的表现效果。

八、及时更新教育观念，深入钻研衔接教学

如今我国教育部门对初高中衔接教学问题有了更高的认识和重视，并在此基础上提出了一系列的教育理念，要求全面促进教师的衔接教学工作，解决当

前教育中的问题，提高教师的职业水平和衔接教学工作能力。现代素质教育理论更关注学生在课堂学习过程中的交流与互动，这就需要教师在教学过程中建立随机应变的教学思维，能够根据学生的兴趣展开引导与活动设计，让学生拥有更多自我展示、独立探索、合作探究的机会，以突出学生的自主性和主体地位。教师也要明确自身在教学活动中的作用和价值，进而充分发挥引导与协调的功能，帮助学生奠定英语学习的基础。[41]因此在日常写作教学中，教师应引导并重视学生的个性化发展，帮助学生找到适合自己的学习方式，展现自己的能力与水平，并在此基础上形成完整的自我认知，让学生在有方向的努力过程中解决自己的不足与问题，实现英语素养的全面提升。

九、关注学生写作练习，适时采用作文面批

在初高中英语写作教学中，教师还要深入关注学生的作文检查与批改环节。教师只有给予更多的关注与重视，才能真正促进写作教学的有效衔接，才能减轻学生的写作压力，才能让学生逐步纠正错误。英文写作非朝夕之功，是师生共同且长期努力的成果。一方面，在英语写作课程开展前，教师应为学生提供一定的预习环节与活动设计，让学生对写作训练的内容与手法有一定的了解，在训练前做好准备工作，如对相关的词汇、语法进行提前学习与练习等，以此提高课堂训练的效率。[42]另一方面，教师要积极关注学生自主学习能力的发展与培养，在确立学生地位的同时，为学生设计符合其自身需求的自学任务与途径。此外，教师还要强化学生对英语散文、书信等不同格式文本的学习，让学生在写作时可以从不同的角度切入。当然，教师也要关注学生课后作业的巩固与练习。首先，教师可以将学生的写作作业收集起来进行系统性批改，尤其要对学生写作结构问题进行标注。然后，教师要善于找出学生普遍存在的写作问题，并分析问题的根本原因。最后，教师还要关注学生自身的兴趣和态度，采用激励评价的方式，多鼓励学生的写作优势和特长，让学生保持更高的写作热情。[43]

参考文献

[1] 中华人民共和国教育部.普通高中英语课程标准(2017年版)[S].北京:人民教育出版社,2018.

[2] 中华人民共和国教育部.普通高中英语课程标准(实验)[S].北京:人民教育出版社,2003.

[3] 古明.《普通高中英语课程标准(2017年版)》与《普通高中英语课程标准(实验)》对比研究[J].现代教育科学,2018(11):93-100.

[4] 包文敏,季锋.2003版与2017版《普通高中英语课程标准》的差异比较[J].基础外语教育,2018,20(2):3-9,106.

[5] 王蔷.《普通高中英语课程标准(2017年版)》六大变化之解析[J].中国外语教育,2018,11(2):11-19,84.

[6] 林娜.持续默读视域下初高中英语阅读教学的有效衔接分析[J].中学生英语,2021(44):8.

[7] 李飞.优化初高中英语衔接教学的实践与思考[J].华夏教师,2020(31):60-61.

[8] 郭菲菲.论初高中英语语法教学的衔接分析与教学研究[J].海外英语(下),2021(9):197-198.

[9] 尹进军.核心素养背景下初高中英语阅读衔接教学与评价的探究[J].校园英语,2021(38):219-220.

[10] 石萍.初高中英语衔接教学有效性探究[J].学周刊,2021,25(25):

31-32.

[11] 陈莹.论初高中英语教学有效衔接[J].中学生英语,2021(30):7.

[12] 刘柏清.初高中英语单元主题阅读衔接教学面临的困境和对策[J].校园英语,2021(25):135-136.

[13] 赵樾.探讨新课标下初高中英语衔接教学思路[J].英语画刊(高中版),2021(18):89-90.

[14] 孙秀梅.做好初高中英语衔接教学的优化措施[J].中学生英语,2021(24):71.

[15] 谢惠娟.影响初高中英语衔接教学的因素及应对策略[J].英语教师,2021,21(10):165-167.

[16] 江雪.浅谈初高中英语衔接教学及实践[J].新课程研究,2021(15):124-126.

[17] 周发勤.初高中英语衔接教学的问题与对策[J].中学课程辅导(教师教育),2020(22):108-109.

[18] 张雅青.初高中英语衔接教学问题及对策[J].新课程,2020(42):133.

[19] 岳增进.浅谈初高中英语衔接教学应注意的问题[J].天天爱科学(教学研究),2020(10):69.

[20] 翟瑞娟.新课程下初高中英语衔接教学研究[J].新课程(下),2019(11):42.

[21] 严清德.初高中英语语法衔接教学研究[J].英语教师,2019,19(17):153-155.

[22] 贾智慧.校本教材在初高中英语衔接教学中的应用研究——以西宁市某高中为例[D].西宁:青海师范大学,2021.

[23] 贾莉莉.初高中英语阅读教学衔接的研究[D].长春:东北师范大学,

2011.

[24] 李雪.初高中英语衔接教学现状的调查研究[D].重庆:西南大学,2021.

[25] 李飞.基于大单元设计的英语阅读深度教学[J].校园英语,2021(51):137-138.

[26] 邹青霞.初高中英语阅读教学衔接的调查研究[D].徐州:江苏师范大学,2019.

[27] 王静.初高中英语衔接教学的调查研究——以忻州一中为例[D].临汾:山西师范大学,2019.

[28] 余晓燕.初高中英语衔接教育教学实证研究——以贵州省遵义县第三中学为例[D].武汉:华中师范大学,2017.

[29] 刘承祁.初高中英语衔接教学的策略研究[D].武汉:华中师范大学,2017.

[30] 罗娅雯.初高中衔接阶段英语词汇教学的问题和对策研究[D].湘潭:湖南科技大学,2017.

[31] 肖扬扬.初高中英语语法教学衔接中的问题及其对策研究[D].湘潭:湖南科技大学,2017.

[32] 张扬.初、高中英语教材语法衔接分析与教学研究[D].武汉:华中师范大学,2014.

[33] 孙静宇.初高中英语衔接教学探究——以绥化市第一中学为例[D].哈尔滨:哈尔滨师范大学,2018.

[34] 苗祖芸.初高中英语衔接教学现状研究[D].烟台:鲁东大学,2016.

[35] 袁秒.初高中英语衔接教学现状的调查研究——以湖北广水一中为例[D].武汉:华中师范大学,2016.

[36] 伍文璐.初高中英语衔接教学研究——以重庆市涪陵区第五中学为例[D].武汉:华中师范大学,2016.

[37] 甄秀玲.初高中英语阅读教学中的词汇衔接问题及其对策研究[D].兰州:西北民族大学,2016.

[38] 王方.福州市初高中英语词汇教学衔接的问题调查及应对之策[D].福州:福建师范大学,2016.

[39] 张莉.初高中英语衔接教学问题的调查分析[D].济南:山东师范大学,2015.

[40] 颜小丽.初高中英语衔接教学现状的调查研究——以漳州市第三中学为例[D].漳州:闽南师范大学,2015.

[41] 张博.初高中衔接阶段的英语词汇教学现状研究[D].延安:延安大学,2015.

[42] 邱霞.初高中英语衔接教学问题与对策——以华安一中为个案研究[D].福州:福建师范大学,2016.

[43] 赵晓婷.初高中英语词汇教学衔接问题调查及解决办法[D].呼和浩特:内蒙古师范大学,2016.